U0628644

国家出版基金项目
NATIONAL PUBLICATION FOUNDATION

里是新疆丛书

口述：新疆

远事

田蓉红 ◎ 著

新疆文化出版社

图书在版编目(CIP)数据

口述:新疆远事 / 田蓉红著. —乌鲁木齐:新疆
文化出版社,2024.6
(这里是新疆丛书)
ISBN 978-7-5694-4321-9

Ⅰ.①口… Ⅱ.①田… Ⅲ.①散文集—中国—当代
Ⅳ.①I267

中国国家版本馆CIP数据核字(2024)第014773号

口述:新疆远事
KOUSHU XINJIANG YUANSHI

著　者 / 田蓉红

出 品 人　沈 岩		责任印制　刘伟煜	
策　　划　王 族　　王 荣		装帧设计　李瑞芳	
责任编辑　王永民　宋琪琪		版式制作　田军辉	

出版发行　新疆文化出版社有限责任公司
地　　址　乌鲁木齐市沙依巴克区克拉玛依西街1100号(邮编:830091)
印　　刷　永清县晔盛亚胶印有限公司
开　　本　787 mm×1 092 mm　1/16
印　　张　15
字　　数　192千字
版　　次　2024年6月第1版
印　　次　2025年1月第2次印刷
书　　号　ISBN 978-7-5694-4321-9
定　　价　46.00元

版权所有　侵权必究

本书如有印装错误,可直接向本社调换,服务电话:0991-3773954

序

　　《口述：新疆远事》是一本以"口述"为记叙方式的文卷，采录者田蓉红从2012年开始，走遍巴里坤远远近近的村落，采访了上百位70岁以上的老者，从他们庞杂的叙述中整理出一篇篇文稿，通过他们所亲历的事件，讲述新中国成立前后与百姓生存生活息息相关的事情。

　　文卷分为三个章节，从普通百姓的视角折射出时代转合中生活模式的更迭，个人悲欢里家国命运的情怀。

　　第一章从银牛沟说起，收录了从民国时期到巴里坤和平解放初期，在不同的政治环境下，各族群众的生产、生活、受教育状况的十六篇文章，具有鲜明的对比意义。首篇《从银牛沟说起》，记载了1934年10月，哈镇警备司令部及所辖骑兵第十六团移驻镇西（今哈密地区巴里坤哈萨克自治县。1934年，设哈密行政区，镇西县隶属哈密行政区，同时在哈密设"哈镇警备司令部"，所属骑兵第十六团移驻镇西）县城西营房，并从镇西本地陆续补充兵员。讲述者邵力生老人的父亲曾在国民党军第十六团当兵，并死里逃生，后高龄病逝。遗憾的是这种隔代的讲述不能完全还原父辈的从军生活。但那些零星的讲述依然透露出生存的艰难。

第二章走远的人事，共收录了十四篇文章。其中首篇《朱炳创办新绥公司》记录了名扬海外的镇西人朱炳的传奇一生，其他篇目反映了镇西早期煤炭行业、跑驴、驼队运输、油坊及一些商户的生存状况。从这些讲述里，我们可以深深体会到新中国成立前每个行业所面对的艰辛。在《驴户》一文中，讲述者李树清老人还原了一个已经消失的驮运行业。他说"跑驴是个下贱活"，其实靠自己的双手挣饭吃，凭自己的劳动养活一家人，并无"下贱"可言，但当时社会对"跑驴人"的看法是难免的，其经历的艰辛也是必然的，"远路无轻担，四两顶千斤"，千里跋涉，其间有不厌其烦的装卸休整，不分昼夜的翻山越岭，寒冬腊月也要被迫出门赶路以及一路上的风餐露宿都是今天的人们无法想象的。

第三章不曾忘却的记忆，共收录了十九篇文章，记录了普通百姓的生活，他们能吃苦，有风骨，即使身份平凡，也不乏让人尊崇的品质。如《渠长》中所记叙的，水是庄稼人的依靠，以农业为主的镇西故地为争水发生的纠纷械斗不在少数，渠长在这其中担任的角色也不可轻视，唯有"一碗水端平"的人才能让人心服口服。渠长不是官，却能让人心生敬畏，自然是源于渠长的认真负责，刚正不阿。虽然不是官，却有为官的学问在里面。《牛一圈，朱一窝》则是当时两个家族在一个庄子上共同生活的真实写照。文章标题并无不敬的意思，是民间这些形象简短的概括，这也是口述史记录的一个原则。在巴里坤的很多自然村落，都有这样互相帮衬的家族联合，像兰州湾子的倪、邵两家，石人子乡的丁、曹两家，三塘湖镇的吕、姚两家……不论是血缘上的联系，还是友情上的互助，在动荡的年代里，这样的帮衬照应都是非常必要的。这段讲述里，牛、朱两家各有一个让人关注的人物,牛家的当家人异常细心,细心到下地拔草都要脱了鞋,一是怕踩坏了粮食,一是怕弄脏了鞋。而朱家的"全头爷",自认为是朱元璋的后代,坚持不剪发,不管外面风云跌宕,在偏远的镇西他却固执地生活在自己的时代中,这不仅是地理上的封闭,而且是思想上的一种封闭。

用口述记载历史,是现代历史记录和历史研究的创新。巴里坤哈萨克自治县(口述中许多人直呼巴里坤县或巴里坤,为尊重口述方式,文中没有作修改)作为河西走廊连接东天山农耕地域的纽带之地,富有东天山农耕历史文化的代表性。在采录整理过程中,记录者最大限度地保留了地方方言的叙述风格,旨在用忠实记录的方式,还原一些已经走远的人和事,只是为了让读者更好地了解口述内容,对地方方言用括号注释的方法进行了注解。

田蓉红

目 录

第一辑

从银牛沟说起

码上解读

☑ 阅精选佳作
☑ 忆新疆往昔
☑ 赏疆域山水
☑ 记阅读心路

从银牛沟说起

时间:2013年1月6日

地点:巴里坤哈萨克自治县花园乡南园子村二队

讲述人:邵力生,花园乡南园子村二队村民,时年71岁

采录整理:田蓉红

我们祖上是兰州五泉山的人,后来到了镇西(今巴里坤哈萨克自治县)。刚开始住在满城(清朝年间,巴里坤建有满城和汉城两座城,满城为当时满营骑兵驻扎的地方),后来搬到了这个湾湾里。一起来的还有倪家。两家人关系一直很好,倪家有事的时候邵家的长工就去帮忙,邵家的活多了倪家就会去帮忙。

邵家到我们这代已经是第十一辈人了。我们的老院子(刚来时落脚的地方)在高家庄子下头。一个院子住了四五户人家,倪家和我们住在同一个院子里。我们世代在这个地方搞牧业(放牧),在大墩(当地人称烽火台为大墩)附近种地,靠"一水两地"养活过日子。一水就是黑沟水,两地就是兰州湾子的地和大墩地,现在四队大墩下面倪家

和邵家的人也还很多。

我们的老子(父亲)在他们兄弟中排行老三,年轻的时候被十六团(哈镇警备司令部所辖骑兵十六团)抓去当兵。刚开始抓的我大爹(大伯),我大爹个子大力气壮,晚上趁黑翻墙跑了,十六团的人又把我老子抓走了。

我老子当兵后跟着部队到阿尔泰山那里去打仗,机枪在帽子上穿了三个枪眼眼子,天门梁(额头)上把油皮(头皮)都烫伤了,个人(自己)还没觉着,对面的人看见了问他:"脸上咋(怎么)淌开血了?"他用手一抹,全是血,才知道被子弹伤了。

我们老子后来给我们说,当时战场上那个子弹就像下冰蛋子(冰雹)一样,他们困在战场上七天七夜,最后没有吃的,部队给一个人一天发七个大豆,就那样把命活下来了。

我老子在阿尔泰山打仗的时候去过英格勒河、银牛沟,回来经常给我们喧(讲)那些地方的事情,说银牛沟银子多得很,过去不知道哪个朝廷打仗到那里,一看满沟都是银子,就占下来当成军队的银库了。

仗打完了,朝廷准备撤回部队,摆了庆功宴。酒席上商量叫什么人留下来看银库,大多数从战场上死里逃生的人都说,命在就行,回去要和老婆娃娃一起过日子,不愿意留在那里看银库。

也有些人起了奸心,想着部队一走,满沟的银子就随自个挑了。于是有几个人当时就说,愿意留下来。结果酒席吃完,坑也挖好了,那些愿意留下来的全部给扔到坑里了。队伍没走多远,听见轰隆隆的声音,转过去一看,那个坑成了一个大坟。

常年住在阿尔泰山的人都说,银牛沟的银子一般人拿不走,你去献一头牛就能拿一头牛的银子;献一只羊就给一只羊的银子。沟里头据说有卧牛那么大的一疙瘩银子,敲起当啷啷(响亮)的,看起明溜溜(锃亮)

的,四个人能一起坐在上面打麻将。

我们老子85岁上生了病,全身几乎都没有血了,领到医院去看病,说啥都不蹲(住院),病房都不愿意进,是我们兄弟几个硬背进去的。那么大岁数的人哭得不行,说年轻时打仗都没死,现在不愿意死在医院里。

一看他那么坚决,我们弟兄几个一商量,说算了,这么大的岁数,人活千古,终有一亡,不愿意去医院就不去了吧。我们用牛车把他拉回家,好吃好喝的叫缓起(调养)。

兰州湾子草性特别好,我们家里养了些羊,老人天生爱吃羊肉,我们就隔三岔五给宰一只,炒上吃、煮上吃、烧上吃,就那么缓(休养)了一年,过年时人落了气(去世)。

我们老子出生的时候是那一年的正月初二,落气(去世)那天又是当年的正月初一,因为正好在过年,我们给亲戚都说了,先不出丧(出殡),初三过了再出丧,初五才请出去(下葬)的。

大河有个骆成堂,没有上过一天学,是个连十个数字都数不过来的人,他个头长得高高大大,以前也在十六团当过兵,心窝子上挨了一颗子弹,也算他命大,子弹只打进去个尖尖子(意指子弹打的不深),好了以后心窝子上长了个肉疙瘩。

他们那一连的人都死完了,最后就剩他一个人在山头上守着。他人力气大,把两个死人用石板顶住挡在前面,自己在石板后头蹲着,敌人一攻过来他就扫一机枪,一直坚持到天黑。连长虽然阵亡了,但连长骑的大个子铁青马还在,他趁着天黑骑上往外冲,肩上交叉背的两夹子子弹,正好一颗子弹打过来,弹夹挡住了打过来的子弹,子弹没打透,光子弹尖尖子打进去了,所以说他命大。

那个人也活得岁数大,活到90多岁才去世,村里人都说,年轻时过了苦日子的人都耐活(寿命长)。

根生土长在三塘湖

时间：2013年1月8日

地点：巴里坤哈萨克自治县三塘湖镇上湖村

讲述人：姚恒俊，三塘湖镇上湖村村民，时年82岁

采录整理：田蓉红

现在住在三塘湖的人大多是从甘肃过来的，我们就是甘肃人，到我这代有十一辈子（十一代）人，算起来乾隆时期这边就有我们姚家人了。我们都是在三塘湖根生土长（土生土长）的。三塘湖过去是牧场，也是军马场，那时候湖滩里到处都是马，以前还专门修过一个马王庙。

我们的先人（祖先）刚开始来这里，就地搭了个窝铺（草棚）放马管草场，以后这个地方也叫成官窝铺了。有一年春天他们准备去别处放牧，临走，在住房附近刨了一坨坨（一点点）地方撒了些粮食（小麦）、葵花种子，想着秋天回来给马收些草料，结果秋天回来一看粮食、葵花都长得挺好，丰收了，就不想放马了，开始种地，这就算押了地照落了户。

吕家和姚家在口里(内地)是老亲戚,老先人觉得这里人太少,困(孤独)得很,就捎口信把吕家的老亲戚引(叫)过来,也在这里开荒种地。三塘湖有三眼泉水,水流下来在附近汇聚成三个自然的塘坝,三塘湖的名字可能就是这么来的。

这边还有个地方叫刘家渠。为啥叫刘家渠呢?老先人给我们说,当根(当初)来的时候这里有水有草,刘家渠是草场当中自然流下的一条渠,他们放马的时候就有,别的地方都发展成地了,这条渠留了下来,让它自然流淌,后人顺口就叫成刘家渠了。

过去这里经常闹土匪。土匪一来,我们躲来躲去只顾逃命,虽然命救下了,但是没有学成东西。新中国成立的时候我已经十九岁了,也明白事了,太阳高高挂在天上,也只能照了白天照不到晚上,共产党白天黑夜都照着穷苦人,我们都知道共产党好,别的忙帮不上,能对党出些力气我们也觉得安心。

解放军到三塘湖剿匪的时候,车在大戈壁上不好走,四五百人骑着马进来,动员三塘湖的人带路。秦守业的大大(父亲)、我,还有我的一个侄儿子去了。我们姑爹老实,他对我说:"老八你去干啥,正在开火(打仗),你跑上去就回不来了。"我说:"人家解放军里头有些还是桩桩子(树桩)那么高的娃娃,他们也是娘老子(父母)养的,他们从口里(内地)来解放我们都不怕死,我们还能不去吗?"

把部队送到三塘湖东边的牛圈湖的那天晚上,半夜的时候,我的侄儿子把我叫醒说:"八大(八叔),咋(怎么)越睡越重了?"原来是解放军怕我们冷,把皮袄全部盖到我们身上,把我们包得就像发面盆一样,翻都翻不起来,说是要把老乡保护好。我们回来的时候,解放军还派了一个排的人护送我们。

解放军刚来的时候,一些人就在一起喧荒(聊天)说:"牧民能解放过来解放不过来？""牧民能解放过来吗？我看还是几颗子弹打过去，他就过来了。"

解放军听了就给我们说："那不是团结的思想。牧民也是受剥削的，尧乐娃子（土匪头子尧乐博斯）是大祸根子，其他的牧民都是善良的。国民党收税的时候找他们，平时就不管他们的死活。你们会种庄稼会想办法过日子，他们在山上放牧只能像长脖子雁（蓑羽鹤、大雁）一样，哪里有水哪里站（巴里坤流传有童谣，长脖子雁，一溜串，哪里有水哪里站）。现在我们剿灭了尧乐娃子、乌斯满，把他们抢来的牛羊分给牧民，他们在山上放牧，你们在三塘湖种地，大家都能过上好日子。"

"军民团结一家人，这样的天下谁人敌"，这个话说得真真地对。

在镇西中学上学的日子

时间：2013年6月6日

地点：巴里坤哈萨克自治县湖滨小区

讲述人：李树清，县委组织部退休干部，时年82岁

采录整理：田蓉红

1946年9月1日，镇西办起了第一所中学，叫镇西中学，我和曹生宇、哈敬文、张美玉、许瑞儒等几个人成了第一班的学生。一班刚成立时，当时的新疆省教育厅不承认，因为那时候县里不准办中学，县长王东阳想办法给解决了经费。课本也没有，老师从哈密借了课本过来，我们用手抄。

那时候愿意叫娃娃上学的人家不多，即使来上学的也是想来就来，想走就走，随意性很强。这样三年混下来，大多都能拿个毕业证。当时我们班里还有几个国民党的兵，是给当官的做勤务员的。当官的看是自己身边的人就叫去学知识，其中有一个叫许怀礼的，和我们一起上到毕业，新中国成立后不知去哪里了。

当时镇西建有文庙，我们都在文庙里上课。文庙大概在现在的县医院那个位置。最多的时候学校有30多个学生，还有女生。班级里女同学坐一半，男同学坐一半。后来又招收了二班、三班。

到了三个班，省教育厅才承认。那是1948年1月，镇西中学被批准成为"省立中学"，叫做"新疆省立镇西中学"。当时上级说作为省立中学班级不够，达不到办学标准，所以突击设立了三班。三班的一些老师当时高中还没有毕业就调上去了，像杨炳卓、牛炜都是在当时那种情况下调上去的。

我们刚去的时候校长是王东阳，后来是何生琦。当时的授课老师是何生琦、易承斋、吴南山、李守廉、苏万钧；数学课由国民党一个姓沈的团副教我们，他是浙江人，口音重，我们大部分听不懂，听不懂也得听。

我们还上过一段时间的英文。教英文的刚开始是国民党中央陆军步兵第四十五师五三三团的一个兽医，叫李开瑞，以后他不教了改由一个姓石的营长教了一段时间，地方上是一个叫于久润的老师教过不长时间。等杨炳卓、牛炜去教学的时候，我们这个班就毕业了。

我们是1949年7月毕业的，因为招生时学校许诺都要安排工作，班里的同学大都就业了。大部分当了老师，有两个进了警察局。那时候老师好安排，只要不怕下乡就能分配下去。一班的男同学基本上都在巴里坤，安排得远一点的有两个人，一个叫张均民，是花园乡花庄子村的人，新中国成立后在阿克苏工作。还有一个马志强，后来在伊犁一个卫生部门工作。

我们有一个同学叫许瑞儒，1961年去世了，那时候他在县种子站工作，后来被安排去现在的海子沿下乡，因为感冒了就在当地卫生院打了一针，可能消毒不严，臀部化脓了，结果把伤寒染上了。伤寒本来是个很简单的病，当时在地上(乡下)自己也没注意，结果给耽误了，将将(刚刚)31岁。

毕业后,我爱好运动,别的同学分出去了,我留在学校,易承斋当时是训育主任,李守廉是体育主任,我是体训员,帮他们打杂。

新中国成立后裁减雍员,就把我裁减了,在家里面待了一段时间后,县委的工作委员会招收干部,我们算是学员,去哈密的一个地方干部训练班参加培训。1950年5月份去的,地干班一直筹建不起来,又把我们送到迪化(今乌鲁木齐)。这时迪化区党委办的一个干部培训班已经开班了,我们插到那个班里,学习了半年多,过年时回来就把我分到了县委组织部。

新疆第一所女子学校

时间:2013年9月6日

地点:巴里坤哈萨克自治县

讲述人:田秀兰,县城居民,时年82岁

采录整理:田蓉红

我是镇西(今巴里坤哈萨克自治县)女子学校的第一批学生。我的父亲当时比较开明。小时候女孩子都要裹脚,白天我妈给我裹了脚,看我实在疼得不行,晚上我父亲就偷着帮我解开了。最后,脚没裹成,还送我去上了六年女校,所以和别的女孩子比,我算是比较幸运的。

女校学语文、数学、历史、地理,还有手工课。手工课上老师画个样子,我们跟着描,过端午节还做香袋子。女校上完,又上了两年中学。

女校办起来的过程很曲折。老师们讲,镇西的教育在新疆是比较有名气的,一直都有"教育甲全疆"这么一说。以前镇西有义学馆、私塾、书院,经常有人在那里举行讲学活动。

那时候，能去听学的都是商贾富户、文武官员的子弟。后来，虽然平民阶层的孩子也有机会了，但是，因为封建礼教的重压，女孩子接受教育的机会几乎为零。直到1935年，镇西一些有识之士开始奔走呼号，着手筹办第一所女子学校。

当时时兴的口号是"解放妇女，男女平等"。有许多外出读书回来的人，认识到要改变家乡落后的面貌，必须兴办教育，造就人才，于是纷纷投身教育，筹办学校。

从新疆俄文法政学堂毕业的哈忠廉就是在这种背景下回到镇西从事教育工作的。1932年，哈忠廉25岁，已经是镇西国民中心一校校长。1935年3月，他为发展妇女教育，四处奔走，组织教师劝学，终于在中心一校办起女生班。到1938年3月，女生增加到三个班，从中心一校分出正式成立镇西女子学校，成为新疆第一所女子学校。

创办女子学校很曲折，首要的是改变人们传统的思想观念。1934年9月初，当哈忠廉第一次在校务会议上提出增设女生班的设想时，一些老教师当面反对说："镇西自古以来哪有女孩子抛头露面出去念书的？""男女授受不亲，男老师怎么教女子读书呢？"当年9月底，哈忠廉又在校务会上提出讨论，苏永桢、达武政、万光祖等部分老师赞同这个设想，但部分人还是持反对意见。哈忠廉决定先向县长口头报告，希望能得到县长的支持。

当时的县长安守仁听完哈忠廉的想法之后，当即反对说："不行，教育厅没有相关指示，不能设女子班。"哈忠廉以"解放妇女""男女平等"等道理和他辩论，安守仁总是坚持说"镇西人守旧""女子无才便是德""在镇西根本不能设女子班，即便是开了这个班，恐怕也没人把女孩子送到学校去"。

虽然碰了钉子，哈忠廉还是坚持不放弃，他决定一次不行报两次，两次不行报三次。

那时候,街面上也传开了各种流言蜚语。一些地方上的头面人物出来反对办女子教育,他们把矛头对准哈忠廉,说他"不知高低""目无长官""没存好心""伤风败俗",要使镇西"文风扫地",并扬言,不会任其胡作非为。学校老一派的教师也在背后说他是"沽名钓誉",坐观成败。

各方阻力并没有击退哈忠廉,他依然下决心向政府呈上报告。报告呈上去后很久未见批示,他只好又去面呈县长,县长还是反对态度,推却说:"教育厅没有明文指示,我这个小县长不能做主。"

1934年12月,哈忠廉直接把报告呈给了新疆省教育厅。1935年1月,教育厅批准了他的报告。

教育厅虽然批准了,经费并未立即拨来,为了早些招生,只能在校内设法解决。哈忠廉抓紧做了一些准备工作。首先整修教室。当时学校校舍布局分为前中后三进院落,我们的女生班设在前院。他安排人粉刷墙壁,裱糊顶棚,破旧的教室焕然一新,像个接收新学生的样子。其次是解决桌凳,他动员高年级将新桌凳让给女生,他们暂时用旧的。

这些问题解决了,但要招生没有课本不行。哈忠廉想起迪化(今乌鲁木齐)博达书馆经理、巴里坤籍人士朱炳先生,就给他写信说明,家乡设立女生班,困难很多,请求他相助,为家乡办一件好事。2月初,朱炳来信赞扬办女生班的举措,答应赠送课本、风琴,开学前寄到。

万事开头难,招收女生也是这样。按照地方风俗,哈忠廉决定在当年的3月3日招生开学。2月底就在四街、十字路口贴出招生广告,说明凡年满八至九岁的女孩均可由家长领来学校报名,只带书包,课本和学习用品均由学校负担。

可是到了3月3日,全县没有一个人去报名,哈忠廉和苏永桢、达武政、万光祖等人分头到较为开明的人家劝学,接着老师家的女孩子也相继送来上学。

为了让农村的孩子也能上学，他们特地去南园子张农官家劝学，他的姑娘也来学校报到了。在他们的努力劝学和来校学生的影响下，很快就有22个女孩子报了名，3月10日正式开始上课。哈忠廉教国文、算术等，苏永桢教修身、图画，达武政、万光祖分别教音乐、体育，陈家善教手工。

学校对男女生的管理很严格。休息时间，男生不准到前院，女生不许到中院和操场，饮茶取水各有定时，女生的一切活动都在前院。学校还提倡我们女生回家后要当小先生，将读的书、唱的歌、表演的歌舞、学织的工艺教给自己的姐妹和邻居家的女孩子，这就引起了没有来上学女孩子的兴趣，他们向父母要求上学。

每逢节日外出活动时，学校老师让女生排在校旗、乐队之后，走在街上，步伐整齐，服装整洁，路人见了无不称赞。在学校，老师们最注意提高学生的学习质量。期终考试，出榜公布成绩，家长、亲友、地方人士对此都很欣赏，此后就有很多人不断询问再招女生的时间。

1936年3月招收了第二班女生，乡下的女生也到城里上学了，不几天就收新生34人。1937年秋天，学制改为秋季始业，9月又招收了第三班女生37人，全校女生增至93人。

经过几年的努力，良好的影响，社会上的流言蜚语消失了，女子上学已成为不可阻挡的新潮流。政府对女子教育也重视起来，通过政府筹备建校，购置设备。1938年3月，一中三个女生班分出去在文昌宫正式成立了女子学校，张克宽任校长，安振鑫等人任教员。

我上了6年女校，又上了2年中学，一共8年。当时，已经出嫁的姐姐在婆家过得不好，她就经常拿自己做例子说："针没学个针，线没学个线，到婆婆家受气呢。""这么大的丫头，还上啥学呢，学校里还是男女混合，不如好好地做针线茶饭，早早结婚。"姐姐经常这样说，后来家里也就不让我去上学了。

　　在当时的环境下，能出去上学，并坚持下来的女子都是幸运的。在这所女子学校里，走出了白玉秀、苏江珍等一批优秀的年轻女性，一时轰动全疆。白玉秀毕业后致力于教育事业，获得哈密地区优秀校长的荣誉称号。

　　镇西县城女校的建立，为开展农村女子教育开了路。从那以后，在农村的学校里，男女混合班级就产生了，农村的姑娘也渐渐由家庭走进了学校。新中国成立后，女子学校改称为"镇西县第二小学"，开始招收男生入学。1953年，与县一小合并。

地藏寺内改建学校

时间：2012年7月23日

地点：巴里坤哈萨克自治县古城小区

讲述人：牛炜，县教育系统退休教师，时年92岁

采录整理：田蓉红

1952年夏季，当时的新疆省教育厅为镇西中学拨款6000元用于维修校舍。当时我认为旧学校场地太小，无发展前途，不如发动学生将南门外地藏寺、仙姑庙改建为学校。我的想法得到了校长张家琪的赞同，于是呈报县政府。县政府批准由我负责进行维修改建。

这是两座老寺庙，年久失修，四间厢房墙壁倒塌，屋架前倾后倒，破烂不堪。经费少，时间紧，怎样才能圆满完成任务呢？办法只有一个——动员学生参加义务建校劳动。当时中学只有四、五、六、七4个班的学生，其中四班学生已毕业，七班学生刚被录取还未报到，我就以"三寸不烂之舌"反复给学生作动员，讲解参加义务建校劳动的好处：既可锻炼自己的思想意志，学会劳动本领，又可以给自己和

弟妹们创造一个学习的园地。

动工前,我们曾与县上有关领导商定,需保留的建筑物为地藏庙大殿、大殿前凉厅及戏台、仙姑庙大殿(殿内供奉仙姑娘娘)、两座钟鼓楼(日月楼)、山门(包括一座木桥和两间跨房)、戏台、雕有二龙戏珠砖照壁(全用方块砖拼砌,两只龙飞腾而起扑向一只圆珠,形象逼真,惟妙惟肖)及有龙凤呈祥图案的影壁。

我与会计任玉有、事务员马良宗组织带领近百名学生从放暑假开始到秋季开学,从未间断地劳动了一个假期,甚至在二道河子红星渠放水庆典时,都未允许学生前去参观。那时正值粮食紧张之际,学生们别说吃有营养的食品了,有的连填饱肚子都成问题,但学生们还是积极愉快地参加劳动,憧憬未来学校的美景。

大家劳动热情高涨,在泥水匠韩玉的指导下,清房泥、推残墙、绑木架,充当了修建工程的主力军,从拉土拉沙、打土块拉运土块,到砌墙、抹泥、上房泥、压房檐、粉刷墙壁、打顶棚、刷油漆、镶玻璃等工序全是学生自己干的。有些技术活学生不会,就指派学生给技工打下手观摩学习技能,待学会之后即辞退工匠,学生们接着干。

经过师生们一个假期的辛勤劳动,改建成5个教室(两庙厢房8间,后大殿处新建2间)、会议室1个(凉厅改建的,原结构未动,只砌墙围起,加以装饰)、办公室4间(仙姑庙两间和日月楼底层)、新建学生宿舍3间、学生伙房两间、茶房两间、男女厕所各两间,打水井一口,真可谓设施齐全,吃喝拉撒之处应有尽有了。

这样的劳动对于十四五岁的孩子来说是非常危险的。记得在一次推墙时,五班学生杨茂学的脚后跟被砸伤了,要不是跑得快就没命了,后来想起就害怕。师生们就凭着对新学校的憧憬和向往,鼓足干劲,吃苦耐劳,终于圆满完成了建校任务。

打土块的地点请公安局领导到现场察看,他指示在南城墙根取土,如果挖出死人(之前多年战乱,很多在战争中死去的人就地掩埋在城墙根)可搬迁另埋。动工前我不厌其烦地给学生讲要保护文物,不能随便闯入禁止进入的区域。为以防万一,我让工友赵学儒将地藏寺和仙姑庙大殿前后门均用粗铁丝拧牢,又加锁封闭,但最后令人担心的事还是发生了。那是开学前即工程基本完工时,四班部分学生要去迪化(今乌鲁木齐)上学,为准备去上学的盘缠(路费),一个姓刘的学生领着几个同学为搜索泥神的"金心银肝花"卖钱,一夜之间把几座大殿的泥神几乎打完。

9月1日,也就是开学的那天,在新校舍一间大教室内举行落成典礼,特邀地区公署专员前来参加,县上参加的有县委书记、县长及其他相关部门负责人。地区行署专员讲话时说,据群众反映,修学校时学生打了泥神,打土块时掘地三尺(指挖出死人),还说学生做这些事当然有人在背后支持,如果负责人不支持,学生绝不敢做那样引起群众公愤的事。

因为这个事,当天下午回家我连饭也没吃,就一头扎进被窝,几个月来超负荷的体力和脑力劳动,我的身体严重透支,加之这突如其来的精神打击,从此一病不起,将近半年不能上班。后来,县领导来我家里慰问,我把憋了半年的话说了出来,心里痛快了一些。

当年暑假,全疆中学教师齐集迪化学习业务,县上决定让我也去,主要是看病,学习是次要任务。通过一个暑假的医疗和学习,我痛快了许多,学习结束返校后就上班工作了。开学不久,经行署文教科报请省教育厅备案,任命我为省立镇西中学教导主任。

1954年1月,经国务院批准"镇西"县改为"巴里坤"县。10月1日,在当时的县一校(现建筑公司)操场举行大会,庆祝巴里坤哈萨克自治县正式成立,同时举办了物资交流会。前一夜下大雪,会场和道路泥泞,但参加群众还是热情高涨,个个都喜气洋洋。

为了改善学校的条件,满足城乡群众接受教育的需求,1957年春天,县委决定将中学整体搬迁,新建校址选在了校场东面,由自治区教育厅拨款,工程承包给兵团农五师(现新疆生产建设兵团第五师)基建队。此时,校长张家琪去内地参观访问,校务由我代理,主管教学业务和其他校务工作,我忙得不可开交。建校工程只能由会计姜万河主管。

　　新校舍有4间教室,茶房、伙房、办公室、图书室、仪器室等一应俱全,比旧校舍条件好多了,师生们欢欣鼓舞。学校因新址没有少数民族食堂,哈萨克语班学生仍留旧址住宿学习。学校搬迁时,我曾建议县上领导,将地藏寺、仙姑庙交给某个文化单位使用,好保护这些古迹,但后来给了三站(农技推广站、种子站、兽医站)。

镇西来了解放军

时间：2013年5月13日

地点：哈密市干休所

讲述人：马学仁，哈密市教育系统退休干部，时年82岁

采录整理：田蓉红

1949年9月28日哈密黄金案事发后，紧接着11月29日，镇西发生兵变。以原国民党第一七八旅骑兵团二连排长王振华为首的一小撮反动官兵于11月29日晚纠结了一伙把兄弟叛变，同连排长王旭初上前劝阻被王振华开枪杀害，然后打算出城叛逃。

担任守城的机枪连发现情况异常，立即关闭了东、南、北三个城门，用机枪封锁街面的主要街道，逼迫208名叛军从西面出逃，这样可以使城内百姓免遭抢劫，因为西面连接的是军营。

叛兵沿途抢劫农户的马匹、衣物，途中内部又发生分歧，许多士兵出逃的目的是回老家，出城后才知道王振华把他们骗出去参与抢劫，并反对解放军，因此不愿意再跟

王振华走,于是他们在奎苏乡就地停留。团长王传铎、县长王东阳知道这个消息后,立即商定派工作组去劝阻,王东阳亲自去奎苏乡劝叛兵归队。王振华从中作梗,提出归队的附加条件,为了很快平息这场兵变,避免引起土匪乌斯满的关注,经过谈判答应提升王振华为副连长驻大河乡,从而使208名士兵全部归营,结束了兵变。

王传铎和王东阳对遏制土匪乌斯满叛乱和兵变、稳定镇西和驻哈密部队起义发挥了积极作用。王传铎是张治中将军的同乡,深受张治中爱国思想的影响,1949年初被陶峙岳派往镇西任国民党驻军第一七八旅骑兵团团长。张治中将军宣布与国民党脱离一切关系,拥护中国共产党的领导,并呼吁国民党军政人员同他采取一致行为,走和平起义的光明道路,这一切对王传铎影响很大,他决定服从陶峙岳将军和平解放的倡议。

1949年10月19日下午,由中国人民解放军二军军部主持在哈密小营房召开的庆祝哈密和平解放军民联欢大会上,宣布了军部对起义部队一七八旅骑兵团团长王传铎的嘉奖令。嘉奖令指出,王传铎带领骑兵团驻守镇西,在新疆和平起义及人民解放军入疆期间忠于职守,遵照和平起义政策,维持地方秩序,为稳定哈密做出了成绩,因而受到军部嘉奖。

县长王东阳为原甘肃靖远区第三游击支队的司令员,1946年8月被张治中委任为镇西县县长,当时是受党组织派遣从事地下工作的共产党员。他借助县长身份筹资兴办起镇西第一所初级中学,修建苏吉板渠,还阻止国民党军队在镇西抓壮丁,在群众中有很高的威信。他积极开展和平起义工作,和王传铎取得联系,争取驻军,促进和平起义。

1949年9月25日和26日,国民党驻新疆部队陶峙岳司令员和省政府包尔汉主席先后宣布和平起义。27日,镇西军政也通电表示竭诚拥护和平起义,当天县城内一片欢腾景象,镇西中学师生组织宣传队,从驼商刘华家找来七八峰骆驼,让我们骑着骆驼上街进行游行宣传。

我们敲着鼓,高喊口号,沿途群众的情绪都很高涨。游行活动由先锋社的易成斋牵头,当时的学生运动基本都是他带领的。先锋社的骨干包括苏万俊、何生琦,还有一个王义夫,在学校食堂里蒸馍馍的,是个胖老汉,据说他背过陈潭秋,还给陈潭秋做过饭,也是先锋社成员之一。

1949年12月24日,解放军的先头部队骡马队要进城来,我们听到这个消息就积极迎接,全都拿着凳子等在满城北门,参加人员有女子学校的学生,还有群众。本来骡马队进城是秘密的,不公开,结果先锋社的人知道消息后,主动去迎接。下午5点多部队到了,大概有100多人,穿的全都是布鞋,和我们想象中的不一样,他们是徒步从哈密来的,骡马驮着粮草,真的很艰苦。

1950年2月,中国人民解放军第十六师四十六团主力开进镇西,沿途松树塘、奎苏乡、石人子乡等地的农民踊跃组织135辆牛车马车到口门子迎接大部队。大部队到镇西以后一部分住在庙里,其他住不下的,由各族群众自愿报名申请,把解放军官兵带到自己家去住。

八连连长是吴继增,背的是把盒子枪,他安排八连住在我们半截巷子和前面一个巷子里。我们家住的是炮兵班,十几个人,他们有两个六轮炮,两挺机关枪,都擦得亮亮的。同一巷道里的董宪章家里住了一个排的伤员,因为在尖山子打仗,有的战士被冻伤了。

不管住在谁家,解放军都把院落打扫得干干净净,给人印象深刻。他们每天早起的第一件事是清理厕所。他们知道对于农户来说,肥料很重要,就把清理后的肥料用筐挑到一个固定的地方集中起来。

哈密的黄金案让好多老百姓都遭了殃,解放军部队就自发捐钱捐物,战士们每顿饭都要省下二两、三两的粮票用来救济灾民。

部队有专门的休养连,但那些负轻伤的解放军战士都不去休养连。我记得住在我们家的有个八班的崔班长,在尖山子打仗的时候,枪一响,马受了惊吓，冲出去，土匪趁机开枪，子弹把大拇指整个打掉了，回来也不去休养连，还坚持和其他人在一起，不享受特殊照顾。还有些十几岁的年轻娃娃，受了伤后，没有更多的药品救治，人疼得"哎哟哎哟"的呻吟，就那样也不去休养连。

1950年3月初，在县城东校场开军民庆祝大会，解放军和起义的国民党驻军第一七八旅骑兵团、学生、群众3000多人参加了大会。解放军四十六团副政委姜玉昆向参加大会的各族群众讲话，宣传党的政策及进疆的任务，大致意思是以服务为宗旨，解放劳苦大众，再一个就是强调"三大纪律，八项注意"。

我是学生代表，要作发言。本来教育界代表是易成斋，最后他不去了叫我讲，我心里很紧张，一紧张就觉得尿多，上台之前，跑了好几趟厕所。上台后就讲了些自己听来的关于解放军生活艰苦那些内容。这次会议上，原国民党驻军一七八旅骑兵团起义后整编为中国人民解放军二十六师骑兵独立营。会后，解放军宣传队还给群众表演了《兄妹开荒》等节目。

1954 年建县琐忆

时间：2013 年 5 月 13 日

地点：哈密市干休所

讲述人：马学仁，哈密市教育系统退休干部，时年 82 岁

采录整理：田蓉红

1954 年，巴里坤经过了剿匪、减租反霸、土地改革等一系列民主革命运动后，社会逐步稳定，老百姓的思想觉悟都有了很大的提高。地委专署（行署）决定成立一个牧区工作慰问团，去做巴里坤哈萨克自治县成立的筹备工作。慰问团团长由副专员阿木提汗同志担任，副团长由地委统战部部长阿布拉尤甫同志担任，他还兼任慰问团的党支部书记。慰问团下设了秘书组、宣传组和贸易组，秘书组组长是统战部洪瑞普，宣传组的组长由地委宣传部宣传科负责人高夫担任，贸易组由银行、贸易公司的人员组成。地委抽调了 20 多个人参加牧区工作慰问团，我们专署文教科参加了一个文工团，一个电影队。我在秘书组和宣传组里都有工作任务。

当时巴里坤有两个游牧区,一个是西游牧区,在今天的海子沿乡以西大红柳峡乡一带;一个是东游牧区,在今天的奎苏镇以东一直到伊吾前山牧场这一带,基本上都是哈萨克族。

慰问团出发之前,所有人先参加了地委组织的学习,时间十天左右,主要学习党在过渡时期的总路线,再就是学习民族政策和民族区域自治的有关政策。

我们是1954年8月初到巴里坤的,住在南街上现在的古粮仓后面,是当时巴里坤银行行长于友林家的院子。那是个四合院,院落宽敞,房子也很多。成立巴里坤哈萨克自治县,地区自上而下都很重视,因为当时在自治区范围内,成立县一级的人民政权,巴里坤属于比较早的。那时候新疆维吾尔自治区(1955年10月成立)还叫新疆省人民政府。在县委的领导下,我们对农村城镇各族群众展开了全面的宣传。县上具体负责这项工作的是当时的宣传部部长苏万钧和县委秘书王儒,主要组织大家对群众大力宣传党的总路线、民族政策以及区域自治的好处和意义。

慰问团下牧区之后在牧区先进行了多方位的访贫问苦工作,贸易组的工作人员拉着成汽车的茶叶、白布、方糖、条绒布去发给牧区的困难群众。救助物品是有专款的,保证供应,发完以后从哈密的贸易公司再继续拉。我们对牧区的头面人物也要进行宣传和慰问,这些人中有些是过去受乌斯满蛊惑跟着他跑了抓回来、劳改过一两年又放了的,为了让他们真正安定下来,我们对他们进行了深层次的教育。

宣传期间,下面的群众有各种各样的反映。很多人心存疑虑,秘书组把从大河公社(今大河镇)、石人子乡、奎苏公社(今奎苏镇)等地汇总起来的情况写成简报,上报给行署领导。当时都是用复印纸写,一次只能写三张,所以每天的工作量还是很大的。

宣传组下牧区的时候带了一支歌舞演出队,演出一些表现民族政策和民族团结方面的歌舞,还带了电影队,去牧区播放一些电影,如苏联片子《幸福的生活》、内蒙古的影片《敖包相会》等类似这样内容的影片。

放电影是个新鲜事,农牧民群众看电影很少,特别是牧区更不容易看到了。电影队也放一些战争片子,农牧民看得很认真,屏幕上机枪一扫射,下面的人全抱着头,叫"阿依巴哟"(害怕的感叹词),看见屏幕上有汽车开过来,人都往后躲。

面对一些群众的顾虑,我们只能反复做解释,比如一些汉族群众刚开始反映,成立哈萨克自治县,整个县城都成哈萨克族的了,那我们去哪里? 去奇台还是去甘肃? 我们举例说内蒙古自治区早就成立了,事实证明自治政策是很好的,各民族之间团结得更好,生活得更幸福。经过慰问团大量的宣传解释,群众的各种疑虑最终都消除了,大家最终认识到,民族区域自治是解决民族问题的一项基本政策。

1954年10月1日,在巴里坤县一中后面的操场上搭了个舞台,当时的地委书记张家树宣布召开代表大会,各族各界代表四五十人参加了会议。代表大会开了几天,选举成立了"新疆省巴里坤哈萨克自治县人民委员会",第一任县委书记是张志宽,第一任县长是扎里甫。中华人民共和国成立前扎里甫曾是巴里坤县税务局局长,思想很进步。

准备成立自治县的前几天,在巴里坤搞了一个集市贸易,主要销售农产品。贸易公司、供销合作社,还有一些商人也自发去参与,去了不少人,规模很大。附近的木垒县也有人拿一些农副产品来交易,街上还有卖各种小吃的人,很热闹。新疆省政府派人过来参加,周边一些准备成立县的乡镇也过来观摩。

大会召开的前一天,下了一场大雪,地面积雪有50厘米左右。在巴里坤,10月份下雪是很常见的,一些商家在会场周围搭的棚子全被雪压了。大会那天,虽然是冰天雪地,但是民众敲锣打鼓,有扭秧歌的、耍狮子的、耍龙灯的,非常热闹。

县一中操场的外围是集市,中间留一片空地开大会,地面用白灰划分出来,留给各单位参加大会的人员。在西街上大营房驻扎着解放军第十六师四十六团的部队,战士们对会场进行了安全保卫。按计划,召开成立大会的当天要组织各个队上街游行的,但是因为大雪,街道泥泞,所以取消了。

自治县的成立标志着巴里坤在政权建设上迈出了很大的一步,也加强了民族团结,促进了生产力的发展。(20世纪)50年代初期,哈密是缺粮地区,需要从东边的甘肃、西边的奇台等地调运粮食,巴里坤哈萨克自治县成立后,1955年春天,县委、县人民政府及时传达了地委互助合作会议精神,对全县社组进行了整顿和规划,农业生产有了很大的发展。巴里坤渐渐变成了哈密的粮仓和肉食基地。

一转眼,巴里坤哈萨克自治县成立都已经60多年了,当时参加慰问团的也只有我一人了,想起来很是感慨。10年前,我为巴里坤哈萨克自治县成立50周年写了一首《跃马扬鞭奔小康》的诗,内容我还记得,现在说给你,也是我对家乡的一种祝愿:

> 山欢水笑舞翩跹,庆祝自治五十年。
>
> 改革春风到天山,千红万紫百花艳。
>
> 桑梓巨变载史册,各族人民笑开颜。
>
> 智慧接力看谁得,跃马扬鞭谱新篇。

从收音站到广播站

时间：2013年6月14日

地点：巴里坤哈萨克自治县湖滨小区

口述：李澍荣，县宣传系统退休干部，时年80岁

采录整理：田蓉红

　　我是1951年7月到县委宣传部工作的。当时在宣传部内部设有收音站，有一个收音员。设备包括一台五管直流收音机、一个低音喇叭、一台手摇留声机、一个油印机，还有几十张唱片。收音站的主要任务就是刻发《新闻报》，摘录主要新闻上报给党政领导，天天收音，三天一发，通过邮电局发到乡里、村里。遇到召开大型会议，就组织机关干部、学校师生和群众收听中央和自治区的重要新闻。

　　县城各街道还组织了读报组，一条街上分几个小组，由街长负责，以小组为单位，进行宣传。读报员由一些有文化的人担任，把报纸上的内容读给大家听。电话会议在邮电局开，组织领导干部集中在大厅里去听。

　　1951年10月1日起，县委决定由宣传部办《新镇西》

油印小报,史鸿发负责刻蜡版,罗岩德是编辑。《新镇西》办到1954年就停办了。1956年3月,县委开始创办油印《巴里坤报》,用汉文、哈萨克文两种文字出版,汉文周二刊,哈萨克文周五刊,都是八开两版,汉文每期印发150份,哈萨克文每期印发80份。

1954年,新疆人民广播电台决定发展农牧区收音站,实行一区一站、一乡一站。巴里坤组织以县收音站为中心的收音网,在哈萨克族群众聚居的东游牧区和西游牧区设立收音站,配备少数民族专职收音员2名,并由新疆人民广播电台配备五管直流收音机2台。到1956年,全县区、乡先后建立收音站13个。

收音站的收音员经常带一个小喇叭,定期到牧区阿吾勒(牧业点)、农区巡回播放。县城里面架了两个高音喇叭,广场跟前有一个,城外面北湖滩那个地方还有一个,牧区的群众从夏窝子(夏牧场)出来以后,都在北湖滩下(搭建)的房子。房子多得很,是牧民最集中的地方。高音喇叭架在那里,一些重要的新闻就可以传播出去。到1956的时候,全县收音站共组织36619人次收听广播新闻,共印发八开四版的《广播新闻报》350期53000多份。从数字里也可以看出,宣传还是比较到位的。

1956年4月10日,县委根据哈密地委关于办好《巴里坤报》的批复,成立了编委会,宣传部长兼报纸主编,配备专职编辑、翻译、文印4人,由宣传部通联干事负责通讯联络工作。《巴里坤报》一直办到1961年。那时候已经开始办《哈密日报》了,《巴里坤报》就停办了。

1956年6月,县里根据自治区的决定,建立有线广播站,派了几个人去自治区人民广播电台学习广播技术和采编、播音业务。陈少祖学编播,李贵选学习技术,我的老伴殷秀珍学习播音业务。学了半年,回来标准话(普通话)说不上,念稿子念个八九遍才能上去播,用的还是当地话。

他们出去学习期间,县上开始组织筹建广播站领导小组,4个月后,建起了机房,安装了扩大机、控制台、播音设备,架通了县城到花园乡中苏友好社的广播线路将近10公里,安装了116个小喇叭,用550瓦的扩大机输送信号。

广播站刚建立的时候有5个工作人员:一个领导、一个记录、一个播音、两个刻报。这些工作人员中,领导、编辑的最高文化程度是初中,播音员是初小。大家的担子都比较重,领导要兼编辑,兼记者,连编带写,还要负责收集。广播站每天播音180分钟,每天转播中央人民广播电台"各地联播节目"、新疆人民广播电台"农牧区节目""气象预报",再就是我们自己负责的10分钟的汉语"自办节目"。

1958年,县委提出"社社队队通广播、通电话",政府委托邮电局和县广播站架设邮电、广播线路。到年底的时候,自架广播专线32公里,利用电话线31公里。小喇叭已经由以前的116只发展到239只,同时建立收音点21个,基本上实现了农村有电话线的社、队有广播喇叭。到1966年上半年,自架广播专用线路90公里,利用电话线做信号线116公里,小喇叭发展到601只。每天电信局腾出两个钟头的时间让我们传送广播,

广播站刚建立的时候,条件也很简陋,几个人在一起办公。播音室外面的过道里安了个小桌子,刻蜡板的人就在那里工作。有一次播音员进了播音室把播音匣子打开准备播音,刻蜡板的人就坐在外面刻蜡板,忽然发现弄错了,失声说"了了了(liao音,叹词,吃惊的意思),刻错了(liao音),上行行刻到下行行去了(liao音)",声音直接从广播里给播出去了,外面听见的人都大笑,一段时间大家一直把这个当笑话讲。

有时候遇到要播音的时候,发电机却不能发电,把人急得能出一身汗。技术人员弄不转(修理不好)了,找了李万全。他开过汽车,对机械修理懂一些,就把他聘请来专门负责发电机修理和维护,才顺利些。派出去的技术员因为学习时间短,有些机械只会操作,出了故障就不知道怎么处

理。现在回忆一下，当时把录音机都整坏了好几个，一些门道(技术)才挖透(熟悉)。我们的技术员以后被错划成"右派"，下放到煤矿开柴油机，因为以前天天摆弄发电机，到煤矿去还成了高级师傅了。

1976年以后，开始架设县城到各个公社的广播专线，普及农村广播网。1982年，全县共架设县到公社广播专线145公里，放大站到生产队的专线159公里，入户喇叭达到9279只。用户出3块钱安装一个喇叭就可以收听广播，装喇叭的匣匣子是巴里坤人自己做的。自办节目有汉语、哈萨克语，全天三次播音，播音时间由430分钟增加到503分钟。根据牧区季节性转场的特点，增设季节性广播点，安装高音喇叭。

那时候，广播站架设专线用的木头相当多，有的公社能拿出杆子，杆子一般在6米以上，短一点的就需要自制水泥桩把木头接上。封山育林后木头不好取了，就只能自制水泥杆。从县城到萨尔乔克乡架设专线需要800根水泥杆，从甘肃省天水市买一个水泥杆75元，加运费100元，800个水泥杆就得8万元。我们派人到内地学习，回来后自制水泥杆，省了将近2万，广播站因此还荣获"自治区科技先进集体"和"科技成果"两个奖项。

宣传部不仅要负责宣传，还负责全县的理论学习，这样一来，我们广播站的干部就很辛苦。当时的县委领导大都是部队上分下来的，文字工作基本都是我们干。我到宣传部时，宣传部长是张志宽。我刚从学校毕业到那里，遇到重大活动，我专门写报告材料。当时的理论学习也很紧，每天上班前有两个小时的理论学习，天麻乎乎(麻麻亮)的就起来先去学习，学完回来吃早饭，然后再去上班，晚上还自己学习，一天工作学习可能有12个小时。

宣传部长经常去学校、机关检查学习情况。张志宽的最大特点是跑教育，经常去学校了解情况，老师的文化程度都高，他和教师们一讲就是大半晚上。机关学习抓得也紧，企业上搞不懂的问题，再叫宣传部去人做解释,巡回检查。

当时我们还经常下乡宣传。第一个阶段,是宣传减租反霸、土地改革,还有挨家挨户进行取缔"一贯道"的宣传。刚开始下去宣传,妇女们都不出来,宣传工作做得比较艰难。我们到乡村搞图片展览,组织新华书店带些书籍巡回下乡。

节日就是搞板报宣传,时间拉得非常长,一个月的时间用骆驼驮着电影设备和各类书籍,在各乡转。去三塘湖骑上骆驼得走一天,下乡去以后就住在乡里,吃的是派饭,派到谁家就在谁家吃,最多吃个拉条子,一般就是汤饭,到牧区去就是吃馕。

整个的宣传工作虽然是辛苦的,但是也很有意义。我们四五个人一个宣传小组,图片是上级发来的,有些工业上的,先进一点。我们那个时候也对群众讲"楼上楼下,电灯电话;犁地不用牛,点灯不用油",宣传方式也是摸着石头过河。

土改以后,农民分得了土地,牧区也推行了牧工牧主两利政策,农民牧民的积极性比较高。我们下乡,找一个宽敞的村民院子,一通知,群众就陆续来了。农民得到了实惠,对党的政策也有了了解,一说开会,马上就到。

普选的时候,80多岁的老婆婆都要把自己的老衣(寿衣)穿上,坐上驴车子去开会,要行使自己的权利,要当家做主去投票。当时的选举是投豆豆子,被选举人背对着群众坐过去,后面放个小碗碗,选举的人手里拿个豆子,想投哪个就在哪个背后投豆子,再就是举手表决。

以后的宣传方式慢慢就更新换代了。1982年,自治区广播事业局投资55万元,在巴里坤建立中波转播台,1983年经过验收,批准正式加入转播。转播台起了很大的作用,及时传送了党的声音。党的政策的宣传,牧区的大多数牧民都可以听到,还有气象预报为牧区预防灾害起到了很大的作用。

说说我记忆中的农业合作化

时间:2013年6月18日

地点:巴里坤哈萨克自治县古城小区

讲述人:牛炜,县教育系统退休教师,时年92岁

采录整理:田蓉红

　　土地改革后,农民在自己的土地上从事耕种,生产积极性高涨。为了解决劳力、畜力、种子等生产资料的不足及合理运用,农民渴望成立互助组。1952年2月,镇西(今巴里坤哈萨克自治县)第一个自发成立的互助组——花园乡南园子以马合清为核心的互助组诞生了。互助组实行民主管理、评分计工、按季节计酬的模式。在马合清互助组的带动下,全县各乡纷纷组建互助组,到年底全县组建常年互助组14个,季节性互助组189个。

　　1954年2月上旬,大河乡农民刘恭组建了第一个初级农业合作社——先锋社。月底,该乡农民马文宽等组建了"战旗农业社"。在其带动下,全县各乡农民纷纷效仿,到当年秋后,全县组建初级农业社70多个。初级社实行土

地、耕畜、农具等入股,年终按比例分红的制度。

由于土地统一经营,可以因地制宜种植各种作物,统一调配使用劳力、耕畜、农具,推广新式农具,改进生产技术,再加上较为合理的按劳取酬制度,农民的生产积极性空前高涨,大大促进了农业生产的发展。

1956年2月,通过整社、扩社,组建了高级社。不到一个月时间,全县71个初级农业合作社合并成立了16个高级农业合作社。高级社是公有制的农业生产组织,农民投入初级社的土地、耕畜、农具以及农民自养的牲畜一律折价归公,叫公有化。

实行公有化以后,农民得到的只是"公有化股份基金",在分配方面仍实行评分记工、按劳取酬的办法。在组建高级社的过程中曾发生农民自留地和正当家庭副业等控制过严、限制过多以及牲畜作价过低等问题,致使部分社员产生了不满情绪,出现了闹社退社的风波,经县委妥善处理,才使高级社得到了巩固,一直维持到建立人民公社。

1958年4月,河南省遂平县以当地名山嵖岈山命名成立了"嵖岈公社"。随后全国各地纷纷组建公社,大都以地名命名。后来嵖岈公社更名为"嵖岈人民公社",从此,全国的公社均命名为"人民公社"。

1958年8月底,巴里坤首先是大河乡申办人民公社,只用了3天时间就办起了人民公社。随后各乡雷厉风行,不到10天,在全县范围内就实行了人民公社化,原有的17个高级农业合作社和牧区的25个初级牧业社于9月份合并建成6个人民公社,即战旗、东风、卫星、火箭、城镇、先锋(牧区公社)。

人民公社实行"政社合一"的管理体系,工、农、商、学、兵五位一体,农、林、牧、副、渔统一经营,生产资料归集体所有。公社下设大队,大队下设生产队,生产队下设若干个生产小组。农民在小组长的领导下从事生产劳动,仍实行评分记工、按劳分配。我所在的南园子村先与花庄子村、石人子村合并,名为"卫星人民公社",后又分出,几经更名,一段时间归城镇人民公社管辖。

人民公社是自给自足的自然经济体,土地集中管理,打破了个体耕种时的小条块界限,尤其在20世纪60年代农业学大寨运动中开展的平整土地、农田水利基本建设等大规模生产活动中,充分调动劳动力,发扬艰苦奋斗、自力更生的精神,靠着手提、肩挑,使七高八低的小块耕地变成了大块条田,为后来的农业机械化创造了有利的条件,水利设施得到了改善。开垦荒地在现在看来是破坏了生态平衡,但在科学技术落后、生产力还不能满足人们日益增长的物质需求的年代,无疑是有现实意义的。

从学徒工到厂长

时间:2014年5月13日

地点:哈密市大修厂家属院

讲述人:史鸿发,原巴里坤修造厂退休干部,时年82岁

采录整理:田蓉红

新疆刚和平解放的时候我给"天德泉"当店员,就是商号里的学徒工。后来让我们去参加街道上办的文化培训班,张志宽是当时的县委宣传部部长,带的政治课,他看我字写得好,出身也好,家庭贫困,就把我调到县委了,和我一块调过去的有三个人。

那是1951年3月份,我在县委名义上是通讯员,实际上就在宣传部抄写材料,一段时间后又让我办《巴里坤报》。当时的条件只能油印,刻蜡版、编辑是罗岩德,他把版排出来,我负责刻,基本上一天刻一版,8开的纸是一版,用一张蜡纸。那是最初的《巴里坤报》,我们都算是首期报纸的缮写员。

我在宣传部除了办报纸,还兼做宣传部部长的保卫工

作,做勤务兵。我们当时实行供给制,和解放军战士一样,管吃管住,发衣服,没有正式的工资。白天上班,晚上值班,我们新去的人员就是肩膀上挂步枪巡逻,我是"一马三挂",腰里面还挂着盒子枪。

那时候,张部长肯到(经常到)一中去做些工作,巴里坤县的第一班嘛,重视得很。晚上回来迟了,我得背上盒子枪找他去。为了做好保卫工作,我们都接受过短期射击训练,当时我19岁。

到1952年的秋天,我从宣传部调到了土地改革工作组,到石人子乡的拱拜尔(村名)、三仙户(村)参加土地改革。土地改革主要是宣传教育,发动群众,丈量分配土地。最困难的是发动群众。那时候群众对党的政策不太了解,对土改不知道,揭批地主有些话不敢说,地不敢要,经过反复教育,群众才接受了分配的土地。

到1953年的3月份,第一期土地改革基本结束,接着就开始搞互助组。

那时候,大河是区政府,公社化以后就撤区并乡了。当年在大河三大队搞农业生产互助合作,有耕牛的出耕牛,有农具的出农具,贫农、中农三四家劳力耕畜互相搭配。互助组那一年搞得很成功,产量比单干的就要好一点。互助组成立后,我们在三乡乡长朱成贵的房后头开垦出来一块田地,大概五六亩吧,达到了单产600斤以上,受到了县上的表扬。

到那一年冬至的那天,接到通知,让我去哈密参加农业合作社的培训学习,一起参加学习的有区长张存贤、区里的青年干事苏世杰、农技站的技术员李世德,一共四个人。之前我们从来没有这样的培训班,都不知道农业合作社是干啥的,心想是卖东西的还是干啥的。

当时条件太差,我们从巴里坤到哈密要骑四天的毛驴才能到。冬至那天就要走,我从大河(乡)还没回来,因为过冬至那天都在老乡家吃饭呢,赶吃完冬至饭,坐牛车到城里需要三四个小时,我到城里后他们都走了,给我留了一匹马。天气也冷,晚上我骑上马追到奎苏台,在安家店住下,第二天再走。

学习完从哈密回巴里坤的时候也走了四天,第一站在南山口,有个店,住下吃饭;第二站到口门子或者松树塘;第三天到奎苏乡;第四天才能到巴里坤。

回到巴里坤把我分配到现在的大河二大队,和李世德一起搞农业初级社的试点。那是1954年的春天,初级社有先锋社,是以刘恭为首的,社里面中农比较多。二大队三队有个马文宽,是贫农,知道办农业社呢,积极得很,他要求同时办一个初级社叫战旗社。我和李世德就分开了,我去办贫农为主的初级社,李世德去办以中农为主的初级社。这样在三队和六队办了两个初级社,当年的竞赛,贫农的生产积极性高,争过了中农初级社。

初级社都设主任,也分生产队,分小组,十户分了三个小组。当年这两个社非常出名,收入一下提高了,而且还组织社员搞其他活动,比如学习党的方针政策,搞些文化活动,优越性一下就体现出来了。男女一起劳动,晚上评工计分,完了以后学学报纸,有时候组织起来搞文艺活动,讲讲故事,唱唱歌,人的精神面貌发生了很大的变化。没有入社的农民一看,哎呀,农业社好得很,人家又跳又唱,都想入社,到秋天初级社就普遍了,大河的五个大队每个大队都办了一个社,到1955年就普及到全县了。1956年,基本上就人民公社化了。初级社是生产资料共用,按土地分配;高级社就公有化了,一律按劳力分配。

我在工作队的时候,职务(行政和组织关系)还在县委;在土改的时候,我的工作单位是宣传部;互助合作的时候调到农工部做农村专干。农工部相当于现在的农委、农办。

1956年4月,我又回到宣传部,还带了一个徒弟刘月英,是一中毕业的初中生,继续办《巴里坤报》,主要内容就是宣传党和国家的政策。李树荣负责采访工作。一年后我被调到办公室,现在叫县委办公室,以前叫秘书室,工作是接任县委的会计。当时我一点都不懂,不想干。这个时候张志宽任巴里坤的县委书记,他批评我无组织,无纪律,不听从党的分配。我说不是不干,是不会。他说不会你可以学。我只能接着干了。

1958年,我作为在职人员被保送去上大学。我是在职保送的第一批,当时已经26岁了。保送生也参加考试,我一个高小生,语文程度还行,数理化根本不行。一起来考试的马学义是初中生。考试给了一间房子,一个考场就我们两个人,不知道考的成绩怎么样,反正两个人都录取了。

当时我擅长于农业机械。我在农业社工作的时候,播种机、打草机、收割机,就是从苏联弄来的那些小型机械,都是自己修理,自己往好里弄,自己用。县里有两个播种机,给了先锋社一个,给了战旗社一个,一个打草机两边都用。县里需要这样的人才,就让我去上大学,上的是八一农学院,去学农机具。

上八农第一个学期(8月份到第二年的3月份)全是在米泉(今乌鲁木齐市米东区)炼钢铁。米泉是钢铁基地,但都是土法炼铁,去了以后挖矿,挖土炉子,地下挖得很大,口子小,大致像馕坑,上面倒的铁矿石和煤,下面架火。炼的时候用脚踏鼓风机鼓风,太辛苦了。最后一炉子炼出来一个大疙瘩,再用榔头砸开,里面有铁,但大部分是渣。

我们上了三年大学,发的是中专毕业证,以后又收回去换成了大学毕业证。我这个没有上过一天初中的人最后上了个大学。

从八一农学院回来后,我进了拖拉机站。拖拉机站当时只有六台拖拉机(四台大型链式的拖拉机,两台小型轮式拖拉机),以后慢慢增加到几十台了,分到各个公社,一个公社一个站。

我们把修理车间变成巴里坤修造厂,由自治区直接管理,从厂房建设到设备,那时候都宏伟得很,一共建了六栋工房,几十台设备,都是国营的。主要业务是维修全县的农业机械,自己还造一些小型农具。人员最多的时候有100多人,算巴里坤的大厂子。进了拖拉机站,我干了20年的机械化,从技术员干到厂长,属于正科级。

第一批下放干部

时间：2013年6月14日

地点：巴里坤哈萨克自治县湖滨小区

讲述人：李澍荣，县宣传系统退休干部，时年81岁

采录整理：田蓉红

我现在给你们说的这些，是巴里坤历史上没有正式记载的一段情况。巴里坤1956年5月召开第一次党代会，决议的内容：一是撤区并乡；二是精简机构，充实基层；三是关于牧区社会主义改造的决定。

根据这个决议，县委1958年2月决定，抽调一批科级干部下乡参加劳动，挂职充实基层。县委批准14个科级干部下乡，宗旨是"参加劳动，改造自己，全面锻炼，加强基层"。

这14个干部中有6个人是部队下来的干部，分别是白永杰、冯占海、薛学文、杨世泽、姬玉来、田有德；有8个人是地方上的，地方干部中有3个人是农村来的，在县里分别担任副科级职务，他们是陈万文、朱世雄、王得安，这

3个人是从农村来又下农村充实基层;另外5个人是机关的干部,分别是我(李澍荣)、苏世杰、王好忠、李生枝、万光荣(那时候是文化馆的馆长),以后又补充了县委的一个副秘书(相当于办公室副主任),名字叫刘新茂,他也是部队上转业的,就15个人了。光荣榜上公布的是14人,没有刘新茂的名字,下乡的时候才把他加上的。

这15个人里有7个被分配到大河(乡)去。那时候大河(乡)在土改、减租反霸方面的工作一直走在前头,所以人员分配上就优先充实大河。

下乡之前,由县委副书记董新堂、县委办公室主任胡文君、宣传部副部长童德义、组织部副部长高金华、工教党委负责人王金山、县委委员刘明生和这些下放干部一起合了个影。

下乡以后,我和李生枝在大河二大队战旗社,我担任书记,李生枝担任主任;陈万文、冯占海到石仁子乡,白英杰到三塘户乡,苏世杰到红山农场,王好忠到奎苏,王得安原回他的老家大河四大队,万光荣到大河一大队,姬玉来到大河五大队,刘新茂到大河三大队,田有德和杨世泽在花园乡。

这次下放干部不是自治区和地区的要求,而是县上的决议。那时候张志宽是县委书记,他以前说过:"有些干部一参加工作就在县上,没有在基层锻炼过,应该下去锻炼。"我和苏世杰就是标准的例子,我们从学校出来就直接在县城参加了工作。

除了我们这些人,还有一部分是直接下去参加劳动的,像以前粮食局的副局长袁儒琼、李月芝、杨秉恒他们都是具体(参加)劳动的。这些干部下到农村,在地区来说是首例。

我们下去后,首先在党的政策宣传上起到了一定的作用,以前村里都是农民担任领导,对一些政策了解得很少,挖不透(理解不透),我们去大都是担任支部书记,首要工作就是做政策方面的宣传,其次是倡导扫盲。

当时扫盲活动在农村掀起了高潮,也扫出了一定的成就,成年人的识字水平提高了很多。以前一个字不识的,也能认得三五个字了。三五个字是个比喻,起码会一些阅读了。比如大河二大队的大李俊,他就是个典型。他以前是大队长,李生枝去做了主任,他成了副主任。扫盲的时候,凡是学下的字他睡下了还要用手指在肚皮子上画字。我问:"你用这样的方法巩固了多少字?"他说:"巩固了100多个字。"有个简单的通知也断断续续能读通看懂。

我们的扫盲工作在地区是出了名的。地区组织了好多干部来二大队参观,实地看扫盲的成绩,把参加扫盲的学员集中在教室,现场提问认字,当时地委宣传部的部长蔡桂明也亲自下来了解情况。我的爱人殷秀珍就是上了扫盲班后,又参加了速成班,最后还成了速成班的教师。和她一起的还有姜凤春、李秀玉等,都是当时的典型。

第三个积极作用是推广新式农具。那时候农村还用的是"二牛抬杠"的犁头,地犁得不够深,种子也是用手洒的,有些种子埋得深,长不出来,有些扔在地皮表面上了,浪费了,苗出得参差不齐的,农民都说是"爷爷孙子三辈子"。后来推广"摆篓",这样行距就整齐了。推广新式农具相当难,像双铧犁头,农民没见过,都不愿意接受,说:"那个双铧犁,整的犁沟那么大,翻的土堆一格楞(一条)一格楞的,怎么平地呢?怎么种呢?"下乡的技术员叫郑爱国,是农技站派过去的,就现场一遍一遍做示范,慢慢才做通了农民的思想工作。

干部下乡也改变了工作作风。下乡干部和农民共同劳动,打成一片,体验生活。按照规定一个月要参加15天的劳动。我下乡后参加过春耕、秋收,摆过粪(往地里撒农家肥),平过地,也套上车到城里拉过城粪(从城里集中收集的肥料)。那时候都是靠人工一担子一担子挑粪往地里摆，每天的任务是一人挑一车，从门上挑到二渠地上，我的姨妈人老了挑不动，我还帮忙给她挑一车，等于一早上要挑两车粪。挑担子挑到肩膀上都磨成了疤，也慢慢坚持下来了。

参加劳动，把人的身体锻炼好了，和群众的感情也加深了。我们刚从学校出来就参加工作，一些理论上的东西很清楚，但是实际操作就不知道了，像地里的苗长到三片叶子的时候就开始浇头水这些知识都是我下到大河乡参加劳动以后才清楚的。还有秋天割粮食（收割小麦），刚去我们都不太会割，割粮食一人占一趟子，我们被落在后面了，当地的群众就跟我们开玩笑，留下的麦子越来越多，我们的趟也越来越宽，像个"金线吊葫芦"，后来慢慢也熟练了。

1959年，县上叫我去自治区党校学习。自治区党校在乌鲁木齐六道湾有一大块田地，学员都要参加劳动，挑上洋芋什么的要翻几道山。我挑担子从来不缓（休息），有些干部一路上要缓几起子（休息多次）。我是组长，小组里的人全是国家外交部下来的，还有些是部队上转业的，有的人身体相当虚弱，挑粪走路特别困难，我就带头帮他们。挖青年渠的时候，人都站在边上，不愿意下水，是我第一个跳下去的。

当时大河二大队的工作干得最好，县上专门组织我们去北京参观农机改革。下放期间，我被推荐到自治区党校进行了13个月的学习，在党史研究室参与文史资料的编辑工作。当时自治区党校领导有意让我留在党校工作，但是县上的领导不放，说巴里坤县也缺这样的人才。

1960年我回来后，历任巴里坤县委党校的副校长，萨尔乔克公社的副社长，向阳牧场的副主任，巴里坤县广播站的站长，后来在县委史志办做县志的编辑工作，一直到退休。和我一起下放的干部回县城后都到了重要的工作岗位。这段历史，对我们下放干部来说，还是有收获的。

到新疆来，我不后悔

时间：2013年4月16日

地点：哈密市师范学院家属院

讲述人：樊亚洲，哈密市师范学院退休教师，时年74岁

采录整理：田蓉红

从哈尔滨到巴里坤

我是1957年从哈尔滨师范学院（现哈尔滨师范大学）中文系毕业的。新中国刚成立，我们大学生的思想觉悟空前提高，用当时的话说，就是"一颗红心两手准备，到祖国最需要的地方去"。学校动员学生到边疆去，写志愿书，每个想去边疆的人自己表态，我就表态了。

那时候，新疆对我来说只是个地理概念，根本不知道新疆是什么样子的，只知道哈密瓜，知道伊犁、吐鲁番这些名称。我报名三天后，系主任罗明哲教授找我谈话，他说："樊亚洲，你是独生子，你要到新疆去态度很好，可是你要

想好，一去几年不能回来，你征求父母的意见了吗?"

我如实说"没有征求"。

"给你三天时间，你回去征求父母的意见，然后再作决定。"

回家后我并没有告诉父母这件事情，怕他们不让我去。三天后，我去找系主任，说:"我征求了，我父亲说你去吧，自古忠孝不能两全，你放心去做你认准的事情。"其实这是我父亲之前说过的话，我把这些话搬过来，骗了系主任。

罗教授说:"那好吧，你去了如果有什么事给我打电话，要是实在不愿意我还会想办法把你调回来。现在我也可以告诉你了，我原来准备把你分配到哈尔滨六中的，那是黑龙江省的重点中学，你现在要是想改变决定，还来得及。"我当然表示感谢，但是心里还是想来新疆。

就这样，我们13个学生(中文系6个、生物系7个)踏上了去新疆的火车。出发的时候，学校给每人发了70多元钱。我们到北京后，自治区人事厅的人去接站，把我们安排在北京前门边上的一个旅馆，又给我们每人发了60多元钱。这在(20世纪)50年代，100多元钱对我们这些穷学生来说是一笔大收入了，大家一高兴跑到北京王府井大街，每人买了一件风衣。

在哈尔滨的时候，早有人穿这样的风衣，可是我们买不起，现在有钱了，我们一人买了一件，售货员都觉得奇怪。后来，因为这个风衣，我在巴里坤一直被人叫"雨衣老师"。巴里坤那时候没有风衣，大家觉得风衣的样子很像雨衣，学生们也有这样叫我的。

人事厅的人给我们买了火车卧铺票，我们到玉门的那天正好是八月十五。我记得很清楚，1957年是闰八月，两个八月十五，我在玉门过了一个，在巴里坤过了一个。在玉门时，给我们每人买了两个月饼，车站旅馆的东南方向是玉门油矿，灯火辉煌，但是看起来相当远。

之后又从玉门坐了几天汽车,经过哈密、吐鲁番到乌鲁木齐。坐的汽车是卡车改装的,大车厢是木板做的,里面放的长条木板凳。到了乌鲁木齐,住在干部招待所。四五天以后,教育厅一个姓安的科长找我谈话,说要分配了,征求我的意见,问:"你想去哪里?"

我说:"我服从组织的安排。"那时候我们只会说这个话,但这都是心里话,不是喊口号,也不是面子话。

"你已经服从组织分配了,你是个独生子,能来这里很不容易,要不你说一下个人的原则。"他又问:"一女中你去不去?"

我很奇怪,他怎么知道我是独生子呢,一女中又在哪里? 其实一女中就在乌鲁木齐,因为当时是在乌鲁木齐就这样问我的。

他看我犹豫,又说:"不太想去是不是? 那你说个你的原则吧。"

"我的原则很简单,离家近一点的地方,最好在铁路线上,方便回家。"

"那就哈密吧,哈密是进入新疆的第一大站。你经过哈密没有?"

"经过了。"

"你觉得怎么样?"

"还可以。"

"那你就去哈密吧。你走的时候帮我带一副冰刀,直接到哈密地区二中(第二中学)找王东辉校长,你把档案也带上。"

"啥是档案?"

"你们上学时候的一些表格,装在牛皮纸袋子里,按规定这个不允许本人带,但我看你这个孩子很老实,你自己带还快点,不然由组织转那就不知道啥时候了,你拿上去了直接找王校长报到,不要去专署,到那儿就会来个二次分配。"

我也不懂啥叫二次分配,很想问,又不敢问。这样我就去哈密地区二中报到了,把介绍信和冰刀交给了王校长,他带我转了一圈,把二中的情况给我说了一下。当时二中就一个高中班,给我分了两个初三班的语文,备课时间一个礼拜。王校长问这个时间够不够,我说够了。他把总务处的人叫来,让带我去宿舍,和北师大中文系的祁沃克住在一起,他比我早来一周。

四天后,王校长突然叫我,说:"你来一下,我有事和你说一下。"我就去了。他说:"你的档案交到专属文教科,现在档案不归学校管,归专属文教科管。文教科苏万钧科长是巴里坤人,看了你的档案,想让你去巴里坤,因为哈密地区正牌学中文的就你和祁沃克两个人,不能都放在二中,要给巴里坤调一个,我不同意,但是他说不行,我们两个说了都不算,要征求你的意见。我给你讲,你别去,巴里坤太偏远,一个礼拜才放两三次电影,你去了肯定不习惯。"

"咋那么少?"

"班车去了,带了拷贝才能放。"

拷贝我懂,班车不懂。我问啥叫班车。他说班车就是两地间定期开的公共汽车。因为东北铁路四通八达,没听说过班车这个概念。

他又说:"这还不算,冬天有时候还会遇到大雪封山,你想回都回不来。"

"咋还有山呢?"

"经过天山才到巴里坤,如果大雪封山你想回来都回不来。"

"那我就不去。"

"你同意了?"

"同意!"

"那我给你找辆自行车,你去找苏科长,把你的意思给他说清楚,就说你不愿意去。"

"可我不会骑自行车。"

"那咋办呢,我驮你去吧。"

王校长骑着自行车带我到了专属文教科。专属文教科在现在的哈密老城公安局那个地方。我进门之前,他又叮咛我一遍。我说知道了,就进去了。一进大门,拐个弯儿就到了苏科长的办公室了。苏科长很会说话,他先给我戴了些高帽子,高帽子一戴人就晕乎了,完了他问我愿不愿意去巴里坤。我说去,就这样我把王校长给卖了。

回去的路上,王校长一直埋怨我,他说:"樊亚洲,你太年轻了,怎么人家几句好话就改主意了呢。我们说好了不要去,你也同意了嘛。"

"王校长,你看人家话都说到那个份上了,再说我们从哈尔滨来就是要到艰苦的地方,就是搞边疆教育来了,我没想哪里好哪里坏的问题。"

"那好吧,你是个好孩子。"然后他用东北话骂我:"妈了嘎巴子的,那你去吧,去了想回来我再想办法调你回来。"

回去后,简单收拾了一下,我就坐卡车到了巴里坤。我去的时候是九月份,接待我的是牛炜,当时是县一中的教务主任。他的眼镜夹在鼻子上,从眼镜上面盯着我看了半天,又看了看介绍信,说:"哦,你是学中文的,那你会教音乐吗?"

"不会,我是左嗓子。"

"那你会教历史吗?"

"可以。"

他又这样看我。我想这个主任咋这样看我呢,以后才知道他戴的是老花镜。

这样,他给我分了十班和十一班两个班的语文课,还有几个班的历史课。

我教的第一课是印度诗人泰戈尔的《两亩地》,印象深刻。因为刚开始上班,特别有热情,想把自己所有学的东西都教给学生,忘了量力而行,把我上大学时候的一些知识，凡是我认为学生应该知道、应该懂的都教给他们，远远超过了课本，所以我教的那一届学生学的知识很多。还有好多我自己都觉得似是而非、不太懂的也胆大包天地讲了。好在学生们没有追问，如果追问可能会把我问住。我没有照本宣科，尽可能多地给同学们介绍一些新知识，他们都很高兴。

适应新疆饮食

我从哈尔滨师范学院出来的时候21岁，算得上是巴里坤一中（第一中学）科班出身的第一个语文老师。

到一中以后，住在南门外的地藏寺、仙姑庙里。地藏寺、仙姑庙有学生宿舍和教师宿舍。我和杨茂学住在一起，星期六他回大河乡，晚上炉子灭了，我不会生焦炭炉子，星期天上午就只好挨冻。后来搬到一中新校址，住在党家院子。我们住的房子是新修的饭厅，边上有个开会、演节目的土台子，土台子里面有个化妆间，我们几个单身汉就住这里面。

冬天的时候，屋子里烧的是马槽炉子，煤烟的味道很大。到了晚上，月光从山墙的椽子缝里照进来洒满了地面。房子里特别冷，和我住一个房间的卫克恭睡觉穿毡筒。我总觉得头冷，戴了个皮帽子，像是东北小炉匠常戴的那样的皮帽子，就那样过冬。就现在睡觉，头、脖子也怕冷，被子必须裹严。

除了居住条件差，伙食也吃不惯。刚开始那一个月，简直没办法，我一进伙房，闻到羊肉那种腥膻的味道就想吐。我在老家没吃过羊肉，可到了巴里坤后，每天都是羊肉揪片子，我只好把羊肉拣出去，把面片用开水涮一涮，然后加点盐吃。

这么做次数多了，炊事员老蔡觉得不是办法。有一个星期天，其他人都回家了，剩我一个外地人住在宿舍。那天，老蔡特意煮了清炖羊肉，拿了核桃那么大一块瘦肉对我说，"老师，你得吃啊，你不是做客来了，你是工作来了，我看你这三五年都回不去，多少年能回去谁也说不上，你这不吃不是办法，身体不行啊。"

我一想，"对啊，我不是做客来了，吃吧！"拿起来闭着眼睛就吃，第一口吃下去就想吐，我心里还是想那句话……不是做客来了，继续吃第二口、第三口，就这么吃下去了。他看我吃下去了，又给我拿鸡蛋大那么一块，我也吃下去了，从那以后生活习惯渐渐改了，我也慢慢适应了这里的饮食。

为了高考，曾砍掉英语课

我在一中工作期间，代的课是比较杂的。(20世纪)50年代的时候汉语和文学分家，汉语相当于是基础知识，文学是按文学史编辑的，从原始诗歌开始编，一直到现代文学，古典文学所占的比例大。那套课本从我们学专业的人的角度来看，很好。但是后来有人提出意见，说学生负担太重，太突出语法知识了，语法随着知识的积累慢慢就会，所以就把文学和汉语合并，叫语文。

我学习过俄语，带了半年俄语课。那时候，还没有专业的俄语老师，以后来了石华德，他是俄语专业毕业的，我就不教了。我还带过历史、地理、政治，文科类大部分都教了。

到1979年，巴里坤一中开办第一届文科班，书记朱俊臣让我当班主任，我不想当，他非让我当，我就提出两个条件：第一条，任课老师让我来选，他说同意；第二条，砍掉英语。这个他犹豫了，不敢砍。

他问为什么，我就给他分析了原因。当时的英语高考满分算30分，考生就是考100分，也只记30%，况且我们学校没有一个正规的英语老师，都是老大学毕业生，学过英语的来给学生上一下。而上课老师的英语口语能力本身很差，都不是科班出身，而且课时量很大，每周六节课。学生在小学、初中都没有英语基础，是上了高中以后才开始学，考试能行吗？与其在这上面浪费那么多时间，不如加强其他学科的课时量和辅导量，这样高考时得分的希望大一点，也能把英语去掉的30分抢回来。

他说，道理是对的，但是砍课我不太敢砍。我说："这么办，书记，如果上面追查，你就说是我的意见，就说樊亚洲很顽固，我不答应这个条件，他就不当班主任，你就推给我。"他半信半疑地问："真的吗？"我说："真的。"就这样，砍掉了英语。当然现在从师资到设施各方面条件好了，教育和高考都必须按国家规定办。

临考前，我给学生们辅导的时候讲如何答判断题——凡是遇上打勾打叉的，如果你判断不出来，你就只打一个勾，剩下都打叉，或者只打一个叉剩下都打勾，这样总要对一些，不要一会儿打勾一会儿打叉，那就可能都整错了。但是这样做需要有一个前提，那就是打错了不扣分。结果1980年高考，好多学生按照我这个办法做，一下子得了9分，按照30%的9分。

英语砍掉了，时间腾出来，其他课就可以多得分。我点了牛炜教历史，学生反映牛老师讲课很生动，大家都爱听。张昌晟上数学，我上语文、政治尽可能引导学生学好，外语就不要了，就这么几门课，都是比较棒的老师，这一届有八九个学生考上了大学，给一中创了纪录。当然现在肯定不能那样做。

当然这个做法是对是错，我也说不清，也可能是错的，从机会主义角度讲，有对的成分；从教育角度来说，随便砍课也是错的，教育部有规定。可是我当时考虑，我们没有那样的师资，白浪费时间；从实用角度讲，可能也有正确的地方。

到新疆来，我不后悔

我在巴里坤工作了25年，来到哈密我又给学生教了25年的书，退休后还一直给电大、教育学院的学生上课，一直上到2009年，算起来在教学岗位上干了52年了。

我来新疆后只回过东北一次。那是1985年工资提上来了，才有条件回家。那一次，我是去桂林参加全国学术会议，带着我的老伴。她没去过东北，我说咱们先回哈尔滨，然后再去桂林。

现在有经济能力了，可是人老了，体力又不行了，又没有办法回了。我父母就我一个儿子。我还有个姐姐，早结婚了。到1960年，我把父母接到巴里坤。因为他们就我一个儿子，不接过来，他们生活有困难。

我女儿告诉我，奶奶给她说，当年听到我报名来新疆，她都哭了。他们听人说，新疆一开门，狼就会蹿到炕头上。可是，我留在这里后，他们还是随我来了，之后都是在巴里坤去世的。

回忆起来，到新疆来我不后悔。我个人感觉到，我在从事教育工作当中，得到了学生的理解、支持和关怀。在教学当中难免会有差错，但是学生们理解我，支持我。在这个过程当中，我一步一步地成长起来，教学相长啊！学生从我这里学到了一些知识，受到了我的一些成功或不成功的教育，我自己从学生那里反馈过来的是理解和支持，包括他们对我的保护。

回忆从教50多年的历程，虽有成功的喜悦，也不乏失败的愧疚。我从一个不懂什么是"档案"、不知什么是"班车"、不能吃羊肉、不会生焦炭炉子的幼稚学子，能被评为"地区优秀党员""自治区优秀教师""曾宪梓教育基金高校教师三等奖"，并享受国务院特殊津贴，除好心的领导关爱培养、热心的同志帮助鼓励外，更有善良的学生们的理解支持。

教师的教学经验是在多次失败基础上反思后积累起来的，而每次失误总是以学生的损失为代价的。所以，我愿借此机会向我曾经教过的学生们表示歉意，并对始终给我以谅解和帮助的领导、同事、同学们表示由衷的感谢！

我坚持代课到2009年，耳朵有点背了，就不能代了。到现在，我还是喜欢巴里坤，我的成长离不开巴里坤一中。在一中我初步学会了认识社会，认识人生。不能用文学作品的典型人物尤其是优秀领导的典型来要求现实社会中的领导，这是老校长汪海骏同志教我的。

巴里坤从教25年，是我把理论和实践结合起来的最佳时段，有这25年的教和学的经验积累，我才能发表《正音正字》《谈谈详略得当》《也谈启发式》《浅论班主任工作的几个问题》（与孙风武合写）等40余篇论文和参编出版《新编写作教程》《文学概论》《文学理论专题》三部高校教材，主编出版教研论文集《教坛探微》，出版专著《东天山古诗选译》。我虽然出生在哈尔滨，但我成长在巴里坤，我和巴里坤之间，有着深深的未了缘。

留在新疆

时间:2013年6月16日

地点:巴里坤哈萨克自治县花园乡南园子村

讲述人:钱德才,江苏泰县人,复员军人,1959年支边来疆落户花园乡南园子村,时年84岁

采录整理:田蓉红

1929年,我出生在江苏泰县的一户农家。15岁那年,爷爷被闯到村里的日本鬼子打死,同年,父亲又死在了国民党军队的枪下。两位亲人的惨死,激发了我保家卫国的信念,所以毅然报名参军,走上战场。

1945年2月,在江苏盐城,我所在的团与日军激烈交战,鬼子的一座碉堡火力凶猛,四五个同志为了炸毁碉堡壮烈牺牲。眼看部队发起冲锋的时间就要到了,为了避免更大的伤亡,炸毁碉堡势在必行。我当时是政委身边的警卫员,为人比较机警伶俐,在冲锋的前五分钟,我临危受命,执行炸毁碉堡的任务。

在碉堡被炸毁的那一刻,我整个人被强大的冲击力震晕,然后被坍塌的碉堡所掩埋。万幸的是,碉堡旁边有一

棵杨树,为我支撑起了一个空间。后来,战友们从废墟中把我刨出来,转送到后方。战事严峻,后方也没有比较好的医药物资。我当时昏迷不醒,是两位刚生过孩子的当地妇女轮番用自己的乳汁给我一点营养。三天三夜后,我终于醒了过来,她们用奶水救活了我,我就是她们的儿子!

在短暂的调养之后,我又联系到部队,重新回到战场。1947年,我所在的团编入刘邓大军,向大别山挺进。因为身手敏捷,我被选进尖刀班。尖刀班负责攻难克险,根据战事需要,有时候我们会一口气行军30多公里。

我有一手好枪法,几乎百发百中,在国民党军队中有许多是被强行征兵的壮丁,他们中很多人都是穷人家的孩子,战场上我不愿意打死他们,往往只打手腕、脚腕等非要害部位。在一次战斗中,我遇到了自己的表兄,战争让我们兄弟两个对立成敌人,为了保护首长,我不得不开枪击中表兄的手腕。

每次战斗结束清理战场的时候,都会发现死去的国民党军官身上携带有金条,那都是他们搜刮民众的财物。我们清理后,把这些都交给了组织,从来没有想过给自己留下一点。那时候,我们天天都在战场上,谁知道什么时候自己就牺牲了,根本就没有考虑过这些。

遇到战事不紧的时候,我们也会一路行军,一路帮助当地百姓收割庄稼。鱼水情深,我们的许多战士负伤后,乡亲们都会自发掩护。1947年8月,我又一次身负重伤,和另一位伤员被安排在一位群众家里。当时国民党保安团经常进村搜捕受伤的解放军战士,在一次搜捕中,为了掩护我们,户主让我住进了他妹妹的房中,对外称是一家人。

他妹妹对我也很好,在照料我的过程中,我们之间产生了感情,领取了结婚证,在享受短暂的幸福生活之后,却留下一世的牵挂!

伤好后,我又回到部队,但在攻打如皋的战役中再一次负伤,且因伤势严重被转移到后方。后来，已经怀有身孕的妻子到我原来的部队去找我，因为那时候没有办法联系，部队作战，人员转换快，没有我的消息，很多人都说我已经牺牲了，我的妻子伤心过度，大病了一场。

等我们再次相见，已经是五年以后。那时候，我腿伤了，拄着拐杖复员，被安排进一家粮油加工厂，在厂里意外碰到了前妻的哥哥，从他那里我才知道前妻为我生了一个儿子，但是为了生活下去，她已经改嫁，我决定不再打扰她终于平静的生活。

后来，从哥哥那里知道真相的前妻还是找到了我的住所，推开门的那一刻，我们泪眼相对，哽咽无语。

五年战乱，物是人非，到今天，我都还记得前妻扑倒在地上痛哭的样子，我的心里也疼得撕心裂肺！

1959年，我响应支边政策，来到新疆，想借助距离的遥远来平息这段无奈的感情。临行前，前妻在我的背囊里塞了煮鸡蛋和花生米，还硬塞给我200元钱，我颤抖着双手接过，转身踏上了支边的路途。

到新疆几年，我与同来支边的一位姑娘结了婚，开始了新的生活。我白天出工，晚上靠手艺编织一些筛子去卖，维持着一家人的生活。我没有向妻子隐瞒过去的那段感情，我的孩子们也知道我们的这段感情经历，多次帮助我找寻他们同父异母的兄长。

1969年，我带着妻子回江苏探亲，想去看望前妻，不料想她已经去世了。她怀孕时，得知我"牺牲"的消息后，大病了一场，后来改嫁了，却见到我还活着，心里一直放不下我。这一辈子，我就是她的一块心病啊，她是因为我才这么早离世的。

为了不影响前妻一家的生活，我一直没有与自己的儿子相认，直到前妻去世前，才把一切告诉了儿子。儿子曾经在《石河子军垦报》上刊登了寻人启事，一心想找到远在新疆的亲生父亲，并依稀按照我曾经说给前妻的地址给我写过一封信。因为种种原因,多年后,我们才辗转从当地民政部门收到这份漂泊了数年、已经发黄的信件,长子留下的地址已经不是现在的地址,天遥地远,我也年迈体弱,与长子终究没有见上一面。

我知道,我现在还有个孙子在上海,具体在哪里,我就不知道了!

从战争到和平,从江苏到新疆,我遗失了很多东西,现在唯一能见证以往岁月的,只是一张复员军人证明书。当地组织部门和民政部门每月都按时给我发放老党员津贴和复员军人安置费,比起那些牺牲在战场上的战友们,我活着就已经很知足了。

支 边 女 人

时间:2015年8月

地点:巴里坤哈萨克自治县花园乡花庄子村

讲述人:李桂兰,1965年支边来疆,落户花园乡花庄子村,时年71岁

采录整理:田蓉红

1965年过年的时候,家里来了位亲戚,说要给我介绍个对象,是刚从新疆回来探亲的,在那边教学,是个拿工资的人。几天后,亲戚安排我们见了面,第一印象很好。那天他穿了一件蓝色的大衣,口袋里还别了支钢笔,人也会说话。我从心里就认了这门亲事。正月十五过了以后就跟他来了新疆。

来以后,住在花园乡九队,和他的家人住在一起,房子特别小,是以前当地的一个大户人家的羊圈。后来把羊圈改造了一下,分给暂时没有地方住的人。那个房子小,房顶也矮,人在里面走,头顶会碰到房顶。里面也没有什么摆设,就有一张大炕。

我过来以后和他结的婚,就典了个礼(举办了个简单

的婚礼),也没几个客人,都是和我们一起支边过来的,还有跟前(附近居住)的几个人,婚礼就在那个羊圈里。结婚时,连一床新被子也没有,一床旧被面各种花色补了六截子(段)。

那个年月,村里人的情况都差不多,结婚待客也不收礼,来的客人大多是送一张画张子(年画)。一个画张子也就几毛钱,结婚的人送的最多是毛主席语录或者胖娃娃(年画)。就是送礼,也是五毛钱的礼,特别要好或者关系亲的人会送一块钱、两块钱。

结婚后,我和大家一起去村子南边一个山坡上修渠,当地人叫南渠。一个生产队的人都在那里干活,在修渠的工地上吃住,搭建的是临时的窝棚,男的住一间,女的住一间。我们一起住的有七八个人,有从口里(内地)来的,也有本地的。刚开始,大家还比较生分,一天活干下来,说说笑笑的,也就熟悉了,还觉得挺热闹。

我们在工地的第一个月,主要干的活是灌浆。渠道都是用山上的石头砌出来的,男人们负责砌石头,女人们负责灌浆。那是个体力活,每天都很累,干完活,有点空闲时间,大家全东倒西歪的就地休息。

两个多月后,我被调去发洋灰(水泥)。在生产队的一个地窖里,各个劳动小组根据每天的工作进度和用料情况派人去领洋灰,我负责登记和发放。来人拿洋灰的时候,我还要帮忙给装,特别呛人,洋灰落得满头满脸,每天回去要洗头发,洗衣裳。虽然脏,但是比起灌浆的活要稍微轻松点。

南渠修好以后,差不多就到秋天了,生产队开始秋收打场,把小麦从地里用毛驴车、牛车拉回来,摊在场院里,马拉着石磙碾场,碾得差不多了,就攒成堆,等到有风了,用木锨摏起来扬场。扬场的时候,需要一个人扬,还要一个人在旁边打掠扫。打掠扫是个技术活,用芨芨草扎成的新扫帚,把小麦粒上面落下的那一层细碎的麦草粒轻轻掠到一边,下手轻了扫不干净,下手重了会把麦粒也扫到草堆里。

记得当时生产队里打场的时候,打掠扫的女人只有我一人,因为那个时候,其他已经结婚的女人都有了娃娃,腾不开手,没结婚的姑娘好像也不让干这活。扬场要看天气,什么时候有风什么时候干,有时候干到晚上12点,最晚的一次我记得到晚上(凌晨)3点了。

那时候,秋收全是靠人工、牲畜,每年秋收打场都能延续到12月份,遇到下雪天,把雪扫完,再继续干。

结婚第一年,我基本上就没有在家待过,生产队的活干完,回到家里,冬天早上早早就去翻粪,把一年积攒的肥料翻一遍,为的是让全部发酵好,等到开春拉到地里增加地力。

我当时还没生孩子,就出去干活。以前干活都是算工分,十个工分一毛钱,我最好的时候一天能拿三毛钱。有些人一天拿不上十个工分,连一毛多钱都挣不上。我那一年算下来还抓(挣)了四五千分,算是妇女里面最多的了。

就那样干上一年,手里也没多少钱,只有过年时候生产队按人头分给每家几块钱。当时大队的妇女主任叫王艳风,有一次她把我叫过去,让我给队里的女人教着识字,每天晚上教两个小时,在生产队一个大房子里,女人们差不多都领着娃娃。娃娃多的女人,通常抱着一个,手里领着一个。天气慢慢冷了,生产队那个房子有点远,娃娃领上不方便,没办法就在附近一个村民家学,找了个小黑板,我写一个字,念一遍,她们跟着学一句。

我从老家刚来时,这边的话(方言)听不太懂。王艳风和我住得不远,我俩岁数也差不多,两个人很投脾气(投缘),彼此要好得就跟一个娘生出来的姊妹一样。她能力强,还没结婚,就已经是妇女主任了,走哪里都把我带上,不知道的人都以为我们是姊妹两个呢。

她把我叫嫂子，经常问我，嫂子，你觉得这边好不好？我说，既然来了，到哪里就过哪里的日子。其实在我心里，还是觉得老家好，气候好，什么都能种，秋天果园里下（摘）果子的时候全是些年龄差不多的姑娘，大家有说有笑，特别热闹，干活也不觉得累。

可是到这边，刚来他们说话我听不懂，我说话他们也听不懂。过了好长一段时间，才慢慢听懂。我性子要强，在这里干活从不拖后腿，总干在前头。

我刚来用镰刀割粮食（收割小麦）都不会割，手上被镰刀割的全是伤口。生产队里有个绕大夫天天给我包伤口，边包边跟我开玩笑说，还是口里（内地）好吧，你看你连个镰刀都不会拿，还得我天天给你包伤口，这个指头刚好了，那个指头又烂（伤）了，你还不回去？我说这里现在就是我的家了，我回哪里去呢。

秋收的时候，有些地离村庄太远，大家就搭个窝棚住在地附近。各个生产队外出割粮食，都跟着一个大夫，他们不用割粮食，负责给我们服务，有割伤的、感冒的，他们就及时处理。绕大夫跟的就是我们这个队，他岁数很大了，性格好，肯说肯笑（爱说爱笑）肯惹人（喜欢打趣），也是从外地来到新疆的，但从哪里来的我不知道。

这边的镰刀太大了，我实在不会拿。手上一道一道的全是伤口。他说你每次少拿些粮食（庄稼）吧，我说拿少了更容易割破。他说我专门准备了海绵，都是用来给你们包伤口的。后来我手上十个指头几乎都被割烂了，没办法，我去找队长说我割不成粮食了，我抱铺子（小麦割完后散放在地上，需要收拢到一起的工作当地称为"抱铺子"）去吧。

队长心好，看我手上全都是伤口，没法抓粮食，说你手伤成那个样，抱铺子也不行，容易感染，你镂豆子（用镰刀收割豌豆）去吧。我说我一个人不去，要去就几个女的一起去。那时候大集体种的豆子也多，也得住在地里干,不回家。后来队长就分配我们四个女的去搂豆子了。

等到包产到户后,大家就开始自己干自己的。大集体解散了,得自己做饭吃。刚开始,我不太会做巴里坤的饭,老家都是吃米饭,炒菜,这边几乎都是面食,我不会做。前面和婆婆住在一起,生了二丫头后和婆婆分开住,自己摸索着也就慢慢学会了。

其实,在修南渠的时候,我有空也喜欢往工地上的食堂里跑,看人家怎么做,我就学着怎么做。

高文学的爸爸那时候在工地的食堂做饭,我管他叫爷爷,有空就跑去学。我问他,爷爷,这个巴里坤饭怎么做,你们包包子我跟着包行不。

他说你来的时候得先把衣服洗了,一身的洋灰(水泥)。我说行呢,他也高兴,他一个人做好多人的饭,也忙活,我去还能给他帮忙。

爷爷夸我,说我不怕吃苦肯干活,我说也不是给你打帮(帮忙),我学会了,以后自己也方便。从那以后,我每天干完活,就把衣服换了,跑去学做饭,回来再洗换下的衣服。因为爱学,慢慢地巴里坤各种面食我都能做上。

王艳风结婚后,我们关系一直都很好,有时候过来在我们家吃饭。一进门她就说,嫂子,我又到你们家吃饭来了。我说来嘛,来了得打帮(帮忙)架火(生火),你不帮忙,我做不成饭。我们年龄同岁,她常夸我巴里坤饭做得比本地有些婆姨(当地对已婚女人的称呼)还地道。

刚来,有些本地人把我们叫江南狐,我听见就生气,哪里的人不是人,到最后我们就习惯了。其实也都是开玩笑的话,不开玩笑他也不说。现在大人娃娃都一样,也不分口里人和当地人了。

我六个孩子,娶的儿媳妇是当地的,女婿也有当地的,哪里人都一样。孩子的婚事,只要他们愿意,我从来不阻拦。结婚后到现在,我回过两次老家,回去觉得那边好,回来又觉得这边好。要是过生活,口里真是好,就是冬天太冷了,不像新疆,冬天有火炉,屋子里一老(经常)暖暖的,我的孩子现在都住楼房,烧暖气更热。

现在我的哥哥姐姐还在老家,我是家里最小的。我来新疆后,再也没见过我妈妈,到我回家的时候她就去世了。我爸爸去世得早,妈妈拉扯我们姊妹三人长大也不容易,从我离家到新疆,直到她去世前再也没见过一面。怀孕的时候,最想吃一口妈妈做的饭,梦里都想啊,醒来,眼泪把枕头都打湿了。

现在,我也是当了奶奶的人了,有时候坐在太阳下就想,要是我妈他们还活着,看看我今天的样子,多好。

我在巴里坤的生活

时间：2013年9月26日
地点：巴里坤哈萨克自治县花园乡花庄子村
讲述人：常淑英，1965年支边来疆，时年80岁
采录整理：田蓉红

　　我来新疆的时候，住在花园乡的花庄子村。刚开始听到这个名字，以为是个很漂亮的地方，到处都长满鲜花，心想我们过来可能就是种花的。到这儿才知道，其实和其他村一样，都是种地的。后来我问本地人，为啥要叫个花庄子村。他们说，以前这里人烟稀少，只有几户人家，东一片西一片，住的花得胡哨的，所以就叫了个花庄子村。

　　我们刚来是开荒、平地。村子前面以前是个沟，特别深，拉粮食捆子（带秆的农作物）的牛车进去都看不见，村里决定把它填平种地。我们用牛车一车一车地拉土，用扁担一筐一筐地挑土。我的老头（丈夫）那时候是队长，干了几天后，他说光靠人出力气不行，得用水冲，从别处把水引到沟里，一发水，就把土也带来了。就这样，用了各种方

法，好不容易用土把那沟填平了，成了一块种粮食的好地。

当时从江苏沛县到巴里坤来的有30多人，在花庄子落户的有9个。我们来以后，和当地人一起干活，队里分配什么就干什么。我喂过牛、推过磨、打过粉、积过肥，还和我的老汉一起上山驮柴，拉树根叉桩（树桩）。通常是老头吆一个牛车，我吆一个牛车。有一次，我们从南山上拉柴回来的路上，牛走着走着不知道看见啥了，猛地一停，老头没留神从车上掉下来，当时那么大的牛车辊辘就在他头边上，牛再向前走一步，他就没命了，可把我们吓坏了。

那时候，大家都是挣工分，上工不能迟到，很多人早上都是拿个煮熟的洋芋边吃边跑。我们上工的地方有一条渠，以那条渠为界限，过了渠的人就不扣工分，没来得及跳过渠的就扣你半分工，半分工就是几分钱，所以大家都不想迟到。

队上以前拉草都要用草绳，养牲口也用绳子，比如穿牛鼻孔用的鼻绳子、拴牛拴马的缰绳都靠手工搓。我们白天上地里干活，顺便在地埂上拔很多芨芨草回来，晚上用榔头把芨芨锤碎，用热水一捂，点个石油灯编绳子。细一点的绳子搓100米记十分工，粗一点的搓50米记十分工。我上手快，跟着学了几天就熟练了。

刚来生活条件不行，住的地方也特别简陋。房子是根据住户的情况分配的，单身的七八个人一间房，成家的两个人分一个房，房子里一铺大炕。我们这边的情况稍微好一点，听说石人子那边一个村，房子少，给八户已经成家的小两口分了一间房子，大炕中间用土块垒砌一个隔断，一个隔断里住一户人家，称为八家户。

家里用的东西也稀缺，两家共用一个锅、一个桶；一户给发一个毯子、一个毡。巴里坤的冬天特别冷，从食堂领回来的馍馍都冻得梆梆硬，取暖是用土炉子，就是在土炕的前头用土块垒一个炉子。土炉子里面烧的是焦炭,看起来有火,但是不散热,盛水的水缸放在边上一敲"当当当"地响,缸里面的水结了一层冰。晚上没事,大家就早早脱鞋上了土炕,毕竟土炕上暖和点。

就是这么冷的冬天,大家也都在干活。麦子收完后,生产队的所有劳动力都去修水库,就是现在的团结水库。那时候秋收慢,收完差不多就开始下雪了。虽然下雪,但水库工地上依然马嘶牛吼,那是个大工程,全县各个生产队都派了人,吃住都在工地。

说苦也是真苦,大家住的是地窝子,上面用麦草搭个棚子,黑天(晚上)睡觉,打个地铺,有毡的铺毡,没毡的就睡在麦草上。没有门帘子,一觉醒来,互相一看头发都是白的。为了赶进度,晚上还要上夜工,一人发一双毡筒(用羊毛擀制成毡做的毡靴),特别厚重,穿上走路都很费劲。那时候冬天的雪下得特别大,哪怕穿着毡筒,有的人脚也会被冻坏。

当时修水库没有现在这样的大型机械,全靠手工,我们妇女主要是打夯,四个妇女一人抓一头绳子,拉起来五六十公分,再扔下去,一下换一下可劲地打。本地人都习惯在这种天气里干活了,可有些刚从口里(内地)来的人还是受不了,有些姑娘会偷偷哭,山东人喊娘,江苏人喊妈妈,我性格要强,又是党员,不能带头哭,还得给她们做思想工作。作为妇女,在野外干活,确实也有不方便的时候,有人身上来例假(月经)了,雪地那么厚,又没处去,到处都是人,只能找个稍微偏僻点的地方,头一低,假装啥也看不见。

那样干了两个冬天,算是把水库修好了。

我老头当了12年队长,对队里的事上心(认真)得很,经常带着年轻人在哈密、七角井那些地方搞副业,一年很少有时间待在家里,更别说有精力管家里的事了。我在家喂了一头猪,猪没吃的东西了,生产队有喂猪的油渣,我给他说先借一块来救个急,有钱了再还回去,他都不答应。我临生大丫头的时候，身上都见红（临盆）了，还赶紧去地里拾洋芋（马铃薯），不拾就没吃的，上午拾了两筐洋芋回家，下午就生了孩子。我的邻居也一样，生家里老二的时候，还和大家一起下地干活，正干着活，她忽然捧（抱）着肚子就往家里跑，到家里正准备开门，孩子就生下了。

现在说这些，你们都不太能理解。那时候，流汗流泪，真是苦啊。现在好了，到底享了共产党的福，我几个孩子都结婚成家了，楼房也买好了，冬暖夏凉的。我常说，现在的年轻人，跑到天堂吃米还嫌米不香，不知道我们那一代人是咋（怎么）过来的。受过苦的人，都耐活。我很少得病，就有一次自己也觉得不行了，才让孩子们把我送到医院，天天输液，针打得自己都想哭，心里想自己是不是就这么要死了，回头摸摸自己的脉，还有，还能活。

两个人的畜牧兽医工作站

时间：2013年6月16日

地点：巴里坤哈萨克自治县湖滨小区

讲述人：姚晓崇，县畜牧系统退休人员，时年88岁

采录整理：田蓉红

民国时期，镇西虽然设有一个兽医站，但条件很差，作用不大。全县牲畜疫病发生频繁，往往无法抵御，动不动就有很多牲畜弃于荒野，当时有种情形叫"远客相逢，先以畜训，畜有不安，寝食俱废"，意思就是牧民们在戈壁上遇到了，互相先问的都是牛羊好不好，遇到谁家牛羊有病的，主人都愁得吃不下睡不好。

新中国成立后，人民政府提出"预防为主，防治结合"的方针，发动群众开展畜病防治工作，坚持防疫、检疫、隔离、捕杀等措施，有效地防治了牲畜中出现的各种疫病。

1951年，县兽医站初建，当时只有两个人，一位是地区兽医站老员工阿不利则孜，另一位就是我。我21岁时跟随父亲从湖北随州来到新疆，曾在新疆日报社和税务局

工作。新中国成立后进入新疆省干训班学习,结束后又选报了畜牧兽医专业,学习畜牧学、传染病学、普通病学、外科学、内科学、药物学、解剖学等。

1951年2月,全国很多地方发生了口蹄疫,新疆各地牧区也频繁告急,于是畜牧厅在畜牧专业学员中,抽调部分人分赴各地协助灭疫。到兽医站时我26岁。

我们一行五人在畜牧厅技术干部带领下,到哈密地区协助工作。当时哈密还没有疫情发生,只是西部毗连的鄯善县、与新疆接壤的甘肃省酒泉地区口蹄疫的流行较猖獗。于是,畜牧厅分别在东面的星星峡和西边的七角井设立检疫站,严禁外来牲畜进入县境,过往的车辆须经过消毒,以便从根本上切断传染途径。

我先被分到星星峡,约两个月后调到七角井。当年8月,口蹄疫预防工作结束后,我被分配到天山北麓最艰苦的巴里坤县畜牧兽医站工作。当时,巴里坤县畜牧兽医站站长是阿不利则孜,我跟着他学诊治,还负责文书、会计、药房管理等工作。

新中国成立初期,国家尚处在经济困难时期,兽医站又是初建,日常应用物资奇缺,一张大条桌、一个药柜、一个铁皮炉、一张凳子和一盏煤油灯,再加上100多种药品、20余件器械,就是兽医站的全部家当。

在当时的条件下,没有交通工具,外出诊治完全是靠徒步。1953年春,我背着药品和行囊,到西游牧区接羔,上午出发,徒步100余里,至深夜到沙沟口附近才雇到马,接着赶路,直至第二天下午才到达锅底山。途中有30余公里的行程极度困乏,我忍不住在马上打盹,几次险些坠镫落地。

1953年5月,群众捐献抗美援朝的500余只羊集中在大熊沟喂养,发生了严重的疥癣,有的羊毛掉得一根不剩,满身黑痂,濒临死亡。因为缺少药池,我只能就地取材,直接用手一只一只地给病羊洗治,以至于我手上的皮肤完全被侵蚀脱落。

当时，许多群众还不知道兽医是什么职业，看见兽医站人员上门搞防治的时候总是将信将疑。牧民们都说"养羊一千，血水不干"，死几只羊还不是经常的事，哪有给牲畜看病的，没见过。再说，即使真有病，注射那么一点"药水"，能顶事吗？为此，我们将采取措施预防后的效果与未经预防依然发病的事例进行对比，以此教育群众，使群众慢慢消除了疑虑。

当时，巴里坤全县牲畜达13万余头，由于整个草原载畜量负荷不重，所以增殖很迅速，每年不下3万头（只）。这些牲畜分布在3万余平方公里的草原上，各种疾病此消彼长，以兽医站仅有的两个人来完成防治工作，光是走路都走不完，更别说还要工作了。显然是杯水车薪，无济于事。

在这种情况下，我向领导建议就地举办简要的培训班，把技术传授给牧民。1953年冬天，兽医站挑选了12位有一点给牲畜治病经验的人员进行培训。但这些人员都是文盲，授课时，他们听不懂，一些专有名词更不能理解。于是，作为主讲师的我改变方法，叫他们谈自己在给牲畜治病中所遇到的问题，其病症状如何，采用什么方法处理，然后根据他们谈的进行分析，让他们明白这些症状可能会是什么病，进一步从牲畜的举止、饮食、体温等方面逐一讨论其病症，把用什么药以及用药的方法和剂量交代明白。药物的名称和方法让受训人员死记硬背，并发给他们少量的药品和器械，使他们在实际应用中得到锻炼。

1955年，兽医站专门举办了一期哈萨克族牧业人员培训班，培训18人。1959年冬季举办了100余人的兽医技术和绵羊人工授精技术混合培训班。我负责编写通俗讲义，夜晚，再邀请一位略通汉语的哈萨克族朋友在我连读带比画下翻译成哈萨克语，这样的讲义编写了近5万字。

从那以后，这样的培训班每年都要举办。从1953年到1985年，采取分片和集中的方式，开办了不同类型的培训班38次，培训人员达到3107

人(次)。与此同时,到1985年,全县的专职兽医也从最初的2人发展到了72人,基层兽医网逐步健全。

1965年2月,自治区将巴里坤列为全疆三个布鲁氏杆菌防治试点县之一。1966年,巴里坤成立了布鲁氏杆菌病防治指挥部,下设办公室,防治业务由县兽医站和防疫站共同承担。自治区和哈密地区也相继派人指导我们对萨尔乔克公社进行了首次布鲁氏杆菌病流行病学调查。调查结果,羊流产率在14.4%,牛流产率在27.8%。调查表明,布鲁氏杆菌在巴里坤草原流行严重,危害不浅。

布鲁氏杆菌病不但对牲畜侵害造成流产,而且对人也有一定的危害。感染了这种病菌的牧民们发病状况类似风湿症,关节疼痛、腰膝酸软;也类似伤风感冒,往往有头疼发热的症状,有的终年卧床竟成半瘫痪状态。

通过连续四年严肃而紧张的群众性大兵团检疫,共检畜854140头,检出病畜26474头。在检疫过程中,检疫人员每天从凌晨5点一直忙到黑夜掌灯时分,工作时长达12小时以上。一个小组计11~14人,其中分化验、采血、水解素注射、羊只编号和消毒五个工种。检疫人员工作异常辛苦,如消毒工种的人员,要把近2000个采血瓶中的血块一个一个掏掉,再一个一个洗刷清洗数遍,再倒置晾干,继续一个一个贴号装盘。另外,采血用的针头也是一枚一枚地通过清洗消毒。

在这样艰苦的条件下,经过兽医人员坚持不懈的工作,布鲁氏杆菌病防治取得了显著成效。1975年,自治区畜牧厅成立了一个布鲁氏杆菌病防治工作队入驻巴里坤,经过为期两年的效果考核后,在巴里坤哈萨克自治县召开了全疆布病防治现场会议,宣布了巴里坤县布鲁氏杆菌病已"基本控制"的结论。

巴里坤的主要畜群是马、牛、骆驼、绵羊、山羊等。本地优良家畜品种有驰名国内的巴里坤马和骆驼,巴里坤黄牛、哈萨克大尾羊、山羊等亦是本地良种,但生产性能较差。牲畜品种改良工作方面,是新中国成立以后才开始的。

1953年,也就是巴里坤畜牧兽医站组建的第三年,自治区畜牧厅从伊犁巩乃斯羊场调拨新疆种羊55只给巴里坤县进行当地的绵羊品种改良。刚开始几年,只是自然或牵引交配,1955年畜牧厅下拨8000元专款修建了绵羊人工授精站,改良工作有了进一步提高。

受自然灾害的干扰,在遇到天旱无雨的时候,草场极度不良,致使不能把羊群集中在配种站周围进行人工授精。特别是1960年至1962年连续三年干旱中,人工授精站无法开展工作。同时,实行公社化后,部分牲畜下放给了生产队,而且下放的大部分是杂种羊,改良工作受到了较大影响。

1963年自治区下发文件,强调必须坚持改良。1965年,确立萨尔乔克公社牧场和大红柳峡乡牧场二大队为绵羊改良样板单位。任务明确了,但条件跟不上,总是因为雨水少而草场不良,使改良质量和进程都受到了影响。

1967年,担负品种改良工作的我初步设想在集中改良不能正常进行的条件下,可以将种羊的精液运输到野外,进行野外输精。当时,这算是技术改革,但因各种原因一直未能实施。直到1977年春天,才着手开始做这项实验,设计、找材料、制作、安装、拆卸等都是我亲手完成的。

经过无数次的试验,几个月后,基本完成具有可调温度高低的保温输精器。1983年,我的科研成果《绵羊野外人工授精》获得论证,有关技术论文刊发在1984年《中国畜牧杂志》第一期,1985年获得自治区科技成果二等奖。同年,我因布鲁氏杆菌病防治的成果受到国家地方病防治领导小组表彰。

第二辑

走远的人事

码上解读

☑ 阅精选佳作
☑ 忆新疆往昔
☑ 赏疆域山水
☑ 记阅读心路

朱炳创办新绥公司

时间：2012 年 8 月 16 日

地点：巴里坤哈萨克自治县古城小区

讲述人：牛炜，县教育系统退休教师，时年 92 岁

采录整理：田蓉红

1935 年，我的几位前往迪化（今乌鲁木齐）求学的镇西（今巴里坤哈萨克自治县）小学的校友先后衣锦还乡探亲访友，给了我莫大的激励与诱惑。他们文明的行为、流利动听的语言以及时尚的服饰都叫我羡慕不已。我也决心出去学习知识和本事，将来好养活母亲。就在这样的思想促使下，我说服母亲同意我出去上学。

1937 年，我们一行 7 人结伴赴迪化（今乌鲁木齐）。这七人是北乡（今大河镇）的戴恩（他是唯一有家室的人）、韩继章，城里的陈学祖、邓鳌（其兄邓鹏早两年去迪化上师范）、王家善、徐浩（后改名徐在行）和我。我们骑上陈学祖家的骆驼，踏上西去迪化的漫漫山路。我们在骆驼背上摇晃了七天才到古城子，一路上风餐露宿历尽艰辛不说，还

担惊受怕。几个手无寸铁的少年在荒无人烟的山沟里跋涉,多危险呀,不要说多,只要冒出一个持枪的强盗土匪,我们就可能都没命了。幸运的是我们一路平安,未遭到大的风险。

到古城子后,由陈开祖(陈学祖长兄)介绍吃住在一家商号。第二天,我们到最繁华的犁铧尖子一带逛了一趟。为了赶潮流,我们扔了瓜壳帽,每人买了顶大礼帽戴在头上。镇西老乡张钧当时任县政府秘书兼小学校长,他以同乡兼陈学祖表兄的身份,邀请我们在当地最负盛名的"汇丰宣"饭馆吃了一餐。桌上摆的食物大部分我没吃过,甚至连见也没见过。这是我自懂事以来第一次进馆子吃饭,算是开了一次洋荤。休整了几天,我们启程赴迪化。当时由古城子到迪化唯一的交通工具是马车,经过商量,张钧给我们雇了两辆轿子车(马拉的,上有轿套的小型铁轱辘车),我们又踏上了继续前行的征途。经过两天两夜颠簸,才到达迪化城北郊,找到了一家车马店。

我们住好旅店后,到附近吃了饭,便打听师范学校的地址。经人指点我们在小东梁找到了师范学校,先找着了十班的邓鹏,不一会儿,十班的马良瑛,十一班的易承斋、张家玮、王镇兰、王建堂都来了。从谈话中得知师范学校是秋季招生,我们到的不是时候。幸亏马良瑛同学在学校的声誉与威信很高,加之镇西去的学生都很用功,给学校的印象很好。经他与学校交涉,留我们分别插入十、十一、十二班旁听。名为旁听,实际上已经享受了正式学生的待遇:吃饭不掏钱,发夏衣时也给我们每人一套黄色铁里克童子军单衣,还享受了正式学生才有的津贴。

这里已不时兴穿长袍和对门襟短衣了,头上戴的既不是瓜壳帽也不是礼帽,而是"坎土曼"式的帽子。于是我们的衣着就惹人笑话了,有钱的同学在街上买一套时兴衣服换上,而我没钱,则一直穿着母亲给我修改的父亲的一件对门襟宁绸上衣和一条蓝洋布大裆夹裤。

当我们一行七人在迪化有了安身和读书之处后,曾去博达书馆拜访老乡朱炳。业务经理李春斋(又名李占芳,镇西人,是朱炳的妻哥)设宴招待了我们,他在席间勉励我们"要努力学习,为维护'镇西文风甲全疆'之美誉而奋斗",同时,席间畅谈,也让我们对朱炳生出更深的崇拜之情。

朱炳字西亭,实为"曦庭",1900年出生在新疆巴里坤县石人子乡一个乡村教师的家庭。他的父亲饱读诗书,带领子女在家乡耕读聊以糊口。朱炳是家里的老二,16岁的时候,去县城一家杂货店里当学徒,走上了学习经商的道路。朱炳机敏聪慧,颇得掌柜的信任,一年后,店里有些生意上的小事,掌柜都会委托他料理。

后来,父亲病故,兄弟不和,母亲为他筹集了盘缠(路费),朱炳到鄯善县找到在那里当县长的同乡徐鹏先,由徐鹏先给迪化道尹(相当于现在的地区专员)李溶(镇西人,曾任新疆政府主席)写信推荐,然后由李溶将朱炳介绍到督军衙门做录事(缮写)工作。在朱炳21岁那年,因其诚恳好学,得到了新疆督军杨增新的赏识,就提拔他到三堂做机要工作,并抄写《补过斋文牍》,一年后又提为督军衙门秘书。

1926年,杨增新派朱炳公出北京、天津、上海等地。

朱炳到达上海之后,为开辟和沟通新疆与内地的商业渠道,和上海的商界进行了广泛的接触。当时上海人对新疆都很陌生,认为新疆人与内地人在语言、相貌、服装、风俗习惯等方面都不一样,但当朱炳西装革履、态度潇洒地出现在上海人面前时,对方大吃一惊,他们说:"新疆人除讲话口音与我们不同外,并没有什么两样嘛。"

朱炳首先与商务印书馆挂钩,为其代销书刊和文房四宝,之后又与五洲大药房联系代销各种中、西成药,并给予一定的优惠。

回疆后,朱炳向杨增新作了详细汇报。杨增新对朱炳的上海之行很满意,决定提供一所房院(位于今乌鲁木齐市民主路)为书馆的办公和营业之用,并定名为"博达书馆"。

博达书馆实行股份制。以徐鹏先、陈述尧等五人为股东,每人集资5000两,共25000两,由督军杨增新派朱炳兼任经理。

书馆有两层小楼,楼下有营业店堂五大间和库房等,楼上是办公室和书馆招待所。开始时只有员工13人,主要经营儿童读物、课本、各类杂志和其他书籍,还有中、西成药等。次年,为加强领导和业务上的需要,在上海设立博达公司,由朱炳任经理。随着业务的发展,1928年朱炳又在天津组建了博达总公司,并设立了北京、上海、西安分公司。迪化博达书馆也于1930年并建为博达分公司。朱炳任总公司总经理,至于迪化公司则由巴里坤人李春斋、刘月峰担任经理。

从1928年开始,迪化博达书馆为天津、西安等地代销杂货和呢绒绸缎,皆由当地博达公司办理包装、托运手续,加强了企业内部的凝聚力。从此,大量书籍、成药和各种商品,便成批成件地运来迪化,使这个原来只经营书刊、医药的博达书馆成了多种经营的综合经济实体和进疆商业批发零售中心,为进一步发展新疆的经济开拓了广阔的道路。

因新疆地处边陲,交通不便,内地运往新疆的物资,需要先在呼和浩特集中,再用骆驼通过北草地,运至奇台,然后转运迪化,路途遥远,每运一次货物,需要四五个月,每年仅可进货一两次,数量虽多,但还远远不能满足新疆人民的需要。

1928年,杨增新遇刺,新疆督军一职由当时的军务厅长金树仁接替。金树仁指派朱炳护送杨增新灵枢赴津。朱炳认识到要想进一步发展新疆的经济,必须先解决交通运输问题,因而产生了在天津组织汽车运输行业的打算。抵津后,朱炳除对杨增新的灵枢做了妥善安置,与当地商界进行了广泛交流,同时对西北地区和内地的运输情况做了全面的调查摸底,然后返新复命,正式提出辞呈,辞去了原来担任的督军衙门的秘书和新疆被服厂厂长职务。朱炳的这次天津之行,对以后建立新绥公司和发展交通运输事业打下了基础。

1930年,朱炳经营的博达公司已经成立四年,具有了比较雄厚的资金,筹办新绥公司的条件已经成熟。于是朱炳便带领牟鹏林、白旭初和杨少龙三人再度赴津筹备新公司。筹备处设在法租界博达总公司院内。1931年,朱炳妻兄李春斋赴津,经过共同协商,正式在天津成立了中国新绥公司筹备处,由朱炳任主任,与博达公司基本上是两个机构,一套人马。

公司筹备处首先制定了开辟绥远(民国一级行政区,在今内蒙古自治区中部)——新疆的路线,然后再向全国发展的远景规划。与此同时由朱炳亲自带领牟鹏林等三人骑骆驼由绥远启程,经宁夏、甘肃到新疆进行踏勘,往返两次,最后认定原来的驼运路线经过修整可作为汽车路线,后又经过新绥公司汽车的多次试行,最终在1932年正式通车。到1932年底,新绥公司拥有汽车58辆,于1933年1月成立了以朱炳为总经理的中国新绥公司,同时成立了绥远总站。

1934年8月底,新绥公司首次来疆班车5辆,由绥远发车,9月初到达迪化,除运各种商品外,还运来了各省及京、津的邮件,这在新疆的邮政史上,尚属首创。

第二次班车是同年9月下旬由绥远发车,到哈密后,由于新疆政局动荡,由哈密至迪化无法通车,只好在哈密停留,数月后仍返绥远。1934年底新疆政局逐渐平稳,经过新绥公司与新疆省政府多次交涉,盛世才勉强同意恢复通车,但只能到达哈密,至于哈密到迪化一站,则由新疆汽车局转运,与此同时,又作了新绥公司不得在迪化设站的规定。据统计,新绥公司成立后,不到一年的时间,由绥远至哈密共发车22次。

该公司之所以能在短期内获得如此迅速的发展:一是讲信用,二是资金充实,三是公司上下工作人员想法一致、工作努力,从而给该公司以后的进一步壮大奠定了良好基础。

那时我们刚认识朱炳，对他的情况不了解。后来我们知道，当朱炳的事业如日中天的时候，新疆统治者盛世才以莫须有的罪名将其书馆和公司查封，并没收其全部财产。此后朱炳离开了新疆，迁到关内（内地），继续从事汽车运输事业，曾在天津、归绥、兰州等地设立办事机构。抗日战争时期，朱炳曾做过一些有益于抗战和民族解放的好事。在中华人民共和国成立前夕，朱炳赴香港定居，20世纪60年代末病故。

民国时期的煤窑

时间：2014年5月23日

地点：巴里坤哈萨克自治县石人子乡大泉湾村

讲述人：王玉良，石人子乡大泉湾村村民，时年88岁

采录整理：田蓉红

清代和民国时期，巴里坤就已经有人开窑采煤，我的父亲是巴里坤当年煤炭窑"十大股"之一。我年轻的时候也时常去煤窑拉炭，现在还记得一些人工开采煤炭的情况。

我们王家是山西蒲州人，我父亲叫王传家，18岁上来到巴里坤。刚来是下苦（做苦力）的，给人家扛长工打草，后来因为识字到煤矿上给人当先生。当了十几年，1906年开始个人开煤矿，开了40多年，1946年去世的。

开煤炭窑，首先要会"提窝子"。"提窝子"是煤窑上的行话，意思就是选定窑址，进行开采的初步工作。选窑的时候，一般是由经验老到（经验丰富）的人看好一个地方，画个大致的范围，然后开始动工挖窑。

挖窑需要挖土，那么多土要运送出去，工具是牛皮做的皮兜子。一张牛皮可以做两个兜子，做的时候先把牛皮泡湿，四边打个眼子，穿上绳子，里面装上满兜的沙子，撑起来放在窑子边上用火烤，一直烤到牛皮发硬，就定型成了一个兜子的样子。

提窝子的时候两个人一个班，一个在上头用辘轳吊，一个在下头挖，挖出的沙石装在兜子里吊出来。一直挖到可以看见煤炭的地方，就要在提口南北东西的各个方向开挖横巷。

开挖横巷先要挖开底槽，再挖上架，然后从两边向前破台，一台一台破过去，再在下面钻出四道巷子。巷子一般不需要钻很大，只要人蜷着身体能钻进去，就继续往前钻。当时给钻巷子的工人报酬是按尺寸给炭（抵工钱），基本上都是包工。

四个巷子钻开以后，负责在井下带人干活的"把头"（工头）就开始"刷墙子"，把四边的墙体刷薄以便剥离，然后开始放案，一大墩子炭就整个下来了。放案是最危险的一个环节，下面的人如果不够机警随时都会被放下来的案子压住。

提窝子不仅凭借经验，还要看运气。如果选址不当，很多时候就变成了"白眼窝"，就是挖不出炭的窝子。炭在地下的分布大致像一个水流过的巷道，煤窑上的人把这个叫"南墙北墙一个巷道"，要是提窝子的时候正好挖到中间就挖出炭了，如果挖到两边的墙上挖不动，那就成了"白眼窝"了。我的父亲在开采煤矿的时候一共挖到过13个"白眼窝"，都挖到12丈多，将近40米深，还挖不出炭，就废了。

底窑子挖好了，接着要楦提口棚。提口棚是从直巷子下来往横巷子走的交界处，人经常在那里上下，需要加固，不然掉下来的沙子石头就会把窝子里的人砸伤。提口棚楦好后，工人从巷道里用牛皮兜子背出的煤就在这里往上吊。提窝子一般40米左右深，往上吊的时候需要三个人在上面。

地面上的窝子口上安装着一个长杆的大辘轳。辘轳有两个头，一边一个人负责把杆，两边的绳子一个上一个下，装满煤的实兜子上来的时候另一边的空兜子就下去了。还有一个打梢子的人，哪边实兜子上来就到哪边，把实兜子接过来，兜子一提，另有一个背兜子的人接过去背上倒到窑窝子里。

窑窝子是炼炭的窝子。采挖出来的生炭需要进一步炼成焦炭。炼焦的过程是这样的：先挖个圆窝子，大概1米左右深，生炭背出来后沿着窝子的周边一兜子一兜子倒满，然后像垒旺火一样垒个火炉，周围留六个火口，一个巷道，正中间架起木柴，背炭的人再继续往上倒煤，压窑子的人看快满的时候点火。

点火后，火洞里大火熊熊，把开采出来的生炭烧成焦炭后，就用之前烧出的炭末子压住，不然炭会完全被燃尽。压的时候不能放石头，石头放上会和炭炼在一起，影响炭的质量，只能用烧过的炭娃子慢慢压住。上面压严了，下面的余火还未燃尽，这样炼焦的过程大概需要七八天，有拉炭的车来了便起窑子装车。

开采的时候上面的辘轳不停地搅，下面的人就要及时把原煤从巷道里运出来。有些地方巷道窄小，人不能直起身子，只能拖着装满原煤的牛皮兜子往前拉，一个兜子装满原煤有一麻袋粮食那么重。

下窝子的工人每人提一个粗陶做的盏窝子（旧时的矿灯），形状像个茶壶一样，里面装的清油。下去后在煤层上挖个小坑，把盏窝子放在那里用以照明。采煤的人一般是两个班子，晚上三更一班，中午12点以后再换一班。到吃饭的时候，上面的人一边把食物放到兜子里递下去，一边敲着板喊"馍馍下去了，茶下去了，注意接着啊"。平时方便则就近在起完（开采完）的空棚里解决。

下巷的人穿的都是破破烂烂的衣裳,有些人还直接光着身子,出来后只有两只眼睛在动,别的地方都是黑的,一张嘴,一口白牙,第一次看见这样的人难免会害怕。深山荒野,吃水都是用毛驴从很远的地方驮运,他们平时连洗脸的水都没有,更不用说洗澡了。下井的工人工钱是一个月三千斤炭,用当时的一种毛秤称,是十六两的秤,大概合现在的一吨半煤。

巴里坤古话称挖煤人是"六片子石头夹的一片子肉,嘟噜一转(四周)四片子,头上一片子,脚下一片子""吃的阳间饭,干的阴间活",还有人说这个行业是"人埋到地下了还没死呢"。

因为这种人工采煤的艰辛和危险,大家有很多忌讳。在煤窑上有很多话是不能随意说的,非要说的时候必须用隐语。比如挖煤的人把筷子叫"别棍",醋叫"折子",葱叫"欻皮",鬼叫"老去",勺子叫"钻果子",盐叫"沙漠子",辣子叫"厉害"等。那时,还有一条不成文的规矩,女人是不能到煤窑上去的,尤其是来月事的女人,会被视为不吉利。

被采煤人称为老窑的煤炭窑边上以前有个老君庙。那个老君庙是一个大间,刷的红色土墙,后来房顶被揭掉了,就剩个墙曲连(残垣断壁)。以前庙里供着一尊像,最后也没有了,初次下窑挖煤的人都要拜老君爷爷,有时候,被称为"黑胡胡"的挖煤人还会一起去烧香磕头,献盘求平安。

当时从煤窑往县城运煤的运输工具主要是牛车,运煤时间集中在当年十月到次年二月(指农历)。因为煤窑都在山里,拉煤人把拉煤称为进山,出进山各需三天,中间在客站休整一天,拉一次煤需要七天时间。

从县城出发的时候都是后晌(午后)套车,第一站到大河乡西户村。冬天巴里坤湖上冻了,赶车的人就从北湖昌家庄子这边走捷径,到半夜时分就到了地方。

大河西户村当时有一个客店,条件简陋,一铺大炕,只铺着毛毡,赶路的人都自己在车上带着铺盖行李。自己带面,做饭由店主负责。住宿吃饭均不给钱,拉炭回来的时候给他们留下一些炭。

在大河歇(休息)上一站,到下午太阳快落山的时候再套车往山里走,第二天早上就到位于东泉的窑上了。到了窑上第一件事是起窑子,就是把窑子挖开,叫(把)炭晾一下,晾透了下午再装,不然就会把木制的牛车烧毁。

一般都是车户自己起窑子。刚开始煤窑上没秤,装了多少都是靠估计。拉回的炭大都卸在县城的各大商号里,然后由这些商号再向外零售。遇到拉煤的车多,窑窝子里炼出的炭供不应求,有时候压上一两天,就要起出来。

起的时候用铁锹和耙子,把最上层的土打开,再往外钩炭。窑上温度高,起窑人穿的鞋都是烂鞋,脚底烫得人受不了,要快速地上去干一会儿就赶紧下来,钩出来的炭晾到下午,看炭不红了,再装车。

我的父亲虽然是窑主,但我从17岁开始就跟人上窑拉炭,有一年我拉上炭出山口的时候,看见拉车的牛焦躁不安,下来一看,一块炭被大风吹燃了,牛屁股上的毛快被烧焦了。

因为开采力度大,到我父亲去世时,当时属于我们的东窑基本上就没炭了,全是空棚,周围剩下许多"白眼窝",不熟悉路的人都不敢去那里。有一年冬天,我们去曾经的窑上,看见塌下去的坑里有一头僵死的狼,身边留有许多刨过来刨过去的印子,因为坑太深,狼出不来,最后困死在里面了。

"天德泉"后院里的秘密

时间:2014年5月13日
地点:哈密市大修厂家属院
讲述人:史鸿发,原巴里坤修造厂退休干部,时年82岁
采录整理:田蓉红

我以前是大河乡小学的学生。1944年马圈沟失事的时候,镇西(今巴里坤哈萨克自治县)四乡的人全集中在镇西城里避难。我们家本来在大河乡二大队六队,晚上村里的人听说土匪要来了,都赶着牛车往城里逃,一路上牛车连着牛车,从前望不到后。

我的父亲被国民党部队抓去当差,后来死在了部队。母亲改嫁后继父对我也很好。到了城里,他为了让我学手艺,把我送到"天德泉"商号里做伙计。因为掌柜的是山西人,我继父也是山西人,冲着老乡的情谊,掌柜的就把我留下了。我从13岁就进入商号做伙计,一直做到19岁。

现在有些和巴里坤相关的史料上记载的"八大商户",把"天德泉"写为"田德全",这是不对的。从我进了商号,

招牌上就写的是"天德泉"三个字。这三个字是有意义的。因为商号经营范围广,包括日用百货、布匹、粮油,还有油坊、醋坊、粉坊。"泉"既代表油、醋等跟水相关的商品,还含有财源滚滚的意思。

"天德泉"的老股东分别是田家、张家、宋家,都是从山西过来的。"天德泉"最初由姓张的掌柜经营,其他两家只入股,不直接参与经营,平时年终也没有分配。后来由宋家的后人接手经营。

宋家住在县城南边的南园子村,过去人们把他叫"啸家"。"啸家"也是一种职业,就相当于现在的中介一样。我们经常看到宋家打发几个孩子站在柜台前要东西。张掌柜虽然一脸不愿意,但多少也会给点打发他们走。

张掌柜的真名很多人都不知道,伙计们叫他张掌柜。因为他脾气很混,得了个外号叫"张半吊子"。张掌柜一生没有具过家(成家),是个光棍,吃住都在店里面。

因为没有家庭的牵绊,张掌柜一门心思做生意,生意做得很大。"天德泉"在当时巴里坤的'八大商户'中是很有影响力的,经营范围很广,啥东西都卖。我刚去的时候当店员站柜台,账面上的收入每天银元不断,收下的纸币就不用说了。

"天德泉"的摊子也很大,现在巴里坤县委西侧中心巷临街的地方,街南边是"天德泉",对着"天德泉"的街北是"富达西"。"富达西"也是八大户之一,现在他们的后人还在大河镇经营着"老油坊"。

"天德泉"的门面有三间,三间门面是相通的。前面是柜台,后面是货架,卖一般的日用百货。粮油不在门面上,都在后面库房,掌柜的住房也在后面。后面一个大院子。整个院子有50米宽,60米长,大概三千个平方,包括大门、磨坊、油坊、粉坊,里面还有个古式的两层土楼,是木头做的。土楼上面是库房,东西两侧一侧四间,中间是佛堂,佛堂边上还有个角房,是个小库房,放一些贵重的东西。土楼下面全是仓房,存放着面粉、粮食。

门面房与后面的四间房子相通,那是大掌柜、二柜先生的住房。"天德泉"门面上雇了一个二柜先生,负责算账;还有三个伙计——我站柜台,其他两人一个负责抓锅做饭,一个在醋坊拌醋。

我进"天德泉"的时候,张掌柜已经50多岁了,人很精干,就是喜欢抽大烟。为啥把他叫"半吊子"呢?因为张掌柜没有文化,说话粗声大气,脾气也很暴躁,打人的时候匀(胡)打。我的头上一老(经常)吊(被打的)的疙瘩,闹得不好,他拿起烟锅朝头上就是"咣"的一下,打下去就是一个大疙瘩。有时候,烟锅还抽得红红的就朝我们头上打过来了。

论地位,张掌柜下来就是二柜先生了。二柜先生虽然不动手打人,可是伙计们做得不对了,他会黑着脸骂人。张掌柜一天到晚抽大烟,抽得脸黄黄的,整天无精打采,有时候出来转一下,柜面上的事就主要由二柜先生负责。每天晚上,二柜先生把结账后的收入交给大掌柜。

大掌柜有两个银柜,像保险箱一样,一个大的一个小的。大的就放一般的东西,小的那个银柜木头板子很厚,锁子也和平常的不一样,装的都是元宝金条。纸币一般不往银柜里放,都用麻袋装着。那时候纸币不值钱,买一盒子火柴都得拿一沓子纸币。大型交易则是实物,比如到农村去,你在店里拿了多少货,秋天拉多少粮食来抵就行了。

商号主要是从古城子(今昌吉回族自治州奇台县)或者归化城(今内蒙古自治区呼和浩特市)、迪化(今乌鲁木齐市)进货,也有苏联货,像白口布、铁里开(音译,一种布料)等,进货都靠驼队。过去巴里坤有专门养骆驼的人家,叫"驼户"。"天德泉"没有自己的驼队,一般用的是刘华家的驼队。

说起来刘华也是个传奇人物。他从小家里弟兄多,日子穷,父亲爱抽大烟，抽得家里山穷水尽，欠下了"一沟子两肋巴"（满身）的债，就把他送出去给一个姓牛的地主家扛长工，放牛。后来一个叫韩瓜蛋的老驼户看刘华机灵，把他要去放骆驼。除了开工钱，还给他一峰"捎骆驼"，可以跟随商队自己带些货回来卖。刘华是个有心人，就从这一峰"捎骆驼"慢慢发展起来，几年时间成了巴里坤最大的驼户。

"天德泉"进货都用他的骆驼队。骆驼队一个人可以拉一链子，一链子骆驼有10峰，一峰骆驼能驮300多公斤的东西。"天德泉"每进一次货，卸货的时候，骆驼在街上都站满了。

"天德泉"家大业大，后院房子里有好几个两层暗室，光我就知道磨坊里有一个、醋房子里有一个。这些地方虽然隐秘，但是我干的年限多了，老掌柜从来不对我保密，有时候，就带着我去放东西。

我知道这些暗室，二柜先生肯定也知道。老掌柜一生没成家，生病后都是我照顾，一直到他去世。他临死的时候，宋家的后人开始去接手。当时张掌柜糊里糊涂的，有些事情都没交代。磨坊的暗室里有一件子白口布，是苏联货，一件子布起码有几十匹，来的新掌柜不知道，只有我和推磨的一个伙计知道。

当时张掌柜病重的时候，让我们用椅子把他抬进去点货，我负责在上面点货。那时候都是箱子摞箱子，我上去看了看，说上面再没东西了，负责记账的也就没把这件白口布记上。

我为什么这样做呢？这里有个原因。我从13岁到"天德泉"当伙计，一直干到19岁。当时这个行当有规矩，进了店的伙计头三年吃饭不要饭钱，干活不发工钱，就是个学徒，三年后就有属于自己的一份股了。可是我在店里一直干到老掌柜去世，他也没给我按股份分红，我自己就藏了个私心。后来还是觉得不行，就把这些东西给新接的宋掌柜说了。

老掌柜去世后，有一天晚上，二柜先生找到我，说库房上面有个包，让我帮忙拿下来。我拿的时候觉得怪重的,问他是啥,他说就是些布。后来他给了我一匹布,能做两三套衣服,都是苏联的鬼子皮(音译)、铁力开,就算把我们打发了。其实后来想想,当时张掌柜病得迷三倒四,二柜先生肯定趁机偷偷摸摸藏了不少东西。

后来,二柜先生还做了件大事情。后院有个磨坊,有天晚上他让儿子套了个车去推磨,借推磨的名义,把暗室里的布拿出来,全部用车拉到他们家去了。

他以为这些布就他自己知道,没想到新掌柜也知道了。他们是从后大门出去的,门没锁上。正巧那天晚上二柜先生的一个亲戚借宿在后院,晚上出去解手,回来对新掌柜说你们的后大门开了。

宋掌柜一听,说"有事了",就把我和另外一个伙计喊上去了磨坊,打开暗室一看,里面放的布没有了。第二天他把二柜先生找来,问他:"一件子布咋没有了?你们亲戚说昨晚上后门开着,当天除了你儿子进来推磨再没有旁人来过,这个事情你得说清楚。"

二柜先生没办法,就把自己的儿子叫出来,当着新掌柜的面打了一顿,说这个事情自己不知情。宋掌柜还是借这个事,把二柜先生给赶出去了。二柜先生的老婆就因为这个事情想不通,搁在心里,时间不长就死了。

其实二柜先生在"天德泉"干了很多年,就是"天德泉"的二掌柜,没有功劳还有股份呢,结果就因为这个事情,宋掌柜把他赶走了。

宋掌柜以前从来不参与经营,现在突然接手了这么大的家业,熟悉业务的二柜先生又被他赶跑了,没有指事(顶用)的人,两口子又整天抽大烟,商号的生意慢慢惨淡了。"天德泉"从他接手到倒闭不到四五年的时间,连镇西商会都没进去。

大河老油坊

时间：2014年8月12日

地点：巴里坤哈萨克自治县大河镇旧户东村

讲述人：许光玉，大河镇旧户东村村民，时年84岁

采录整理：田蓉红

　　我们小的时候，巴里坤县大河乡有两个油坊，一个叫上油坊，在二渠上；一个叫下油坊，在三渠上。两个油坊都是清朝时候就有的。现在的油坊底子（位置）以前是个庙，当地的娃娃闹病，老人就把娃娃抱上去庙里烧香。后来，这个庙还用作政府的办公机构，叫乡公所。人民公社成立后，把两个油坊合并了，里面的东西都拉过来，建了这个油坊，成了乡镇企业。里面用的炒锅、石磨、蒸笼、油梁还是以前的，都有上百年的年头（时间）了，我们这里的人现在都习惯叫老油坊是"百年老油坊"。

　　我去老油坊干的时候是1962年。那时候30多岁，正是身强力壮的时候，在老油坊里和我一起干的还有白根本、党德华、张志明、赵国厚四个人。油坊里面的"油梁"有

十几米长，如果现在到山上去找，也找不上那么大的木头了。那时候，榨油的整个程序全是靠人工，提梁都是人搬的，用的是"一撬打千斤"（杠杆原理）。

我们五个人都有分工，我主要负责用石磨拉胚子，把菜籽磨成面。老油坊里以前安的四盘石磨，专门用来磨菜籽，用八个骡子替换着拉。菜籽从石磨里拉出来，成了黏黏的坯子，放到蒸锅上蒸一个多小时，达到一定的温度后，在上面洒点水再用茇茇草包起来，用铁箍子箍好，放到油梁下面压。

茇茇草都是从农户手里换来的，用麻渣（油渣）换。有些人家就打发娃娃来拽着我们的衣服，缠着要多给他们一铁锹麻渣。对农户家来说，麻渣是好东西，可以喂猪，可以喂羊，都能催膘。

拉磨是个费劲的活。8匹骡子替换着干，干的时间长了，一磨完那些东西骡子就浑身的汗，定定站下，死活不肯走。油坊里的骡子是油骡子，里面干活的人也被别人叫做"油骡子"。我们在里面干，身上热的有时候啥也不穿，但脚上穿的还是皮窝子（牛皮做成的鞋），如果不穿皮窝子，换了一般的鞋就变成了油棒子。一天干下来，人全身都是油，回去得用热水洗，不洗，晚上睡觉被子都是油的。当然，比起别人来，我们的生活也好，最起码吃得好，有点闲时间我们就用油炸馍馍吃。

拉胚子之前要把菜籽筛干净，先用筛子筛去杂物，再用簸箕过一遍，里面的细土就能被簸掉。我干活的时候，附近的一些娃娃都爱跑上来帮我摇筛子，一是图好玩，红火（热闹）；二是干完活，他们能从筛子下面的杂物堆上给衣服口袋装上一口袋碎菜籽，去喂雀娃子（小鸟）。

以前的油坊房子没有顶，立的几根木头柱子，上面压的石头，叫"油山"。起先那"油山"比现在这个高得多了，光"房山"里搁的石头，听说用"五十五"（大马力拖拉机）就拉了五车，石头露出房顶还有一人多高。"油山"是用来压油梁的,十几米长的油梁,不压住就挑起来了。吊梁用的是滑车,梁像个大秤杆,坠子像个秤砣,菜籽磨细包成坨子放在"油山"下面的支点上,梁放下来,慢慢挤着就可以出油。

油坊里经常架着火。只有温度高才能出来油,所以不管冬天、夏天都架着炉子。一榨油,房子里的温度有50多度(50℃),热气从天窗冒出去,房顶上的石头都热烘烘的,雀娃子喜欢在里面做窝。"油山"里面有许多雀窝,娃娃们再没别的玩头,就趴在房顶上从石头缝里掏雀娃子,用碎菜籽喂它们。

拉胚子是榨油的第一道工序,我每天去得最早,从天还黑洞洞(天未亮)的时候就开始干了,一天基本上要把1300斤左右的菜籽拉成胚子。别的三个人负责压梁、包坨子。包坨子是用芨芨草把拉好的油胚子包住,然后把油胚子放到油井里压。包过油胚子的芨芨草全是油,就成了油草。油草是引火的好东西,那个时候家户家都用的是兰炭(焦炭),用这个好引火,附近住的人家都喜欢打发个人(自己)家的娃娃去要油草,我们就顺便抓住让去打水,干些零碎活。

我们里面张志明是组长,他在锅头上负责炒菜籽。炒菜籽算是清闲的活,但一天炒下来,人的胳膊也疼得扎(举)不起来。他炒好以后,我负责收籽,经常要干到晚上两三点。一天时间,我要把1300斤菜籽炒好,包好"坨子",再放到蒸锅上往熟里蒸。蒸锅是个方形的,有一人深,一锅能盛20多缸子(水桶)水。打水的时候,人不断地进进出出的,夏天还好,冬天,房子里是热的,在里面干,人都穿得单薄得很,再跑出去打水,又冻得受不了。房子里雾气特别大,一般外面的人刚进去啥都看不见,像我们走惯的人,进去都熟门熟路的。这些活都要快快地干,房子一凉就不容易出油了。

油胚子要用"油梁"压三次,第一次把胚子从石磨上拉下来,蒸熟后压出来的是头油。把榨完头油的饼子锤碎,放在蒸锅里,再按照前面的步骤压出来的是二油;然后再锤碎,再蒸,再压,才是三油。三油一般都是第二天才出来。压"油梁"就要用滑车,人坐下用脚蹬用手扳,几十吨的重量要往下压,人得死尻子坠上(身子使劲往下沉)可力气地扳,那么大的"油梁"咯吱咯吱的响,听见那个声音心里都害怕,感觉地皮子都是颤抖的。

懂的人都知道"头油香,二油糊,三油清",榨油时头油出得最利索了,压的时候"哗啦啦"地淌,油从"油井"里出来,舀到缸里,再从缸里舀到专门的储存桶里。头油一次能出100多斤。每天多少菜籽要出多少油,都有定量,如果是1300斤的原料,三次压完要榨出来280斤油,榨不出来就要找原因,看是籽没炒好的原因,还是没拉好胚子的原因。

有一次,油出得少了,大工把我整上去(叫过去)问我油量咋上不去?我说是不是天气旱了菜籽没水分,拌点水试试。我们把热籽上洒了小半缸子水,做实验。菜籽出油少有很多原因,有时候收不好,也不行。菜籽有等级,不同等级的菜籽出油量也不一样。一般头等籽100斤能出33斤油,二等籽出28斤油,三等籽出26斤油,四等籽出24斤油。验菜籽都凭经验,头等籽看起来饱满,也干净。

菜籽都是大河本地的,四五十个生产队,每个生产队都种一二百亩地的菜籽。那时候,打场都能打到过新年。菜籽一打完,各生产队要全部交到油坊里去,我们得加紧榨油,赶过年要分油,按人头分,一人一年分三斤油还算好的。分的时候,凭油票灌油。到后来包产到户了,大家自己手里有菜籽了,就直接用菜籽换油,一公斤菜籽再掏两毛钱的加工费,如果是头等籽,换回去的油就多。一般每年的八、九、十这三个月是最清闲的时候,但是也得天天榨,到腊月里,是油销量最好的时候。

我在油坊里干了18年,最后还看了两年大门。看大门也没遇到过贼娃子(小偷)。那是个古庙,人还是忌讳呢。我干的时候,老油坊的收入算好的,当时大工一月的工资是70元,我们拿53元,公社干部才拿47元。

我住的地方离老油坊有3公里远,天天起早贪黑地跑,人着不住(受不了),后来一狠心花200多元买了辆自行车。虽然花了四个月的工资,可心里头也怪高兴的,我算是大河乡第一批骑自行车的人。

那时候骑自行车的人除了水管所跑水的、邮局送信的,就是乡政府的通讯员,我是最早自己买自行车的人。到(20世纪)70年代末,工资就开始发不下来了,我也干不动了,就去看大门了。

驴　户

时间:2013年6月6日

地点:巴里坤哈萨克自治县湖滨小区

讲述人:李树清,县委组织部退休干部,时年82岁

采录整理:田蓉红

　　我的爷爷是个毡匠,叫李继深,生了两个儿子,两个女儿。我的父亲是儿子里面的老二,叫李发。我爷爷去世后,按巴里坤的规矩,谁大谁当家,我大爹(大伯)李贵就当家了。为了生计,两个人商量着跑驴,我父亲负责在外面跑,他把东西驮上回来就给大爹交代一下驮的什么东西,花了多少钱。走的时候,再去我大爹那里领资金,给大爹说清楚准备驮些啥东西,要多少钱。

　　跑驴这个业务我父亲精通得很,我大爹他也佩服,啥时候去哪个地方,驮啥商品,我父亲都清清楚楚的。就这样搞了几年,老弟兄两个人手里多少都有钱了,我大爹买下了西街上郝兴家的一院房子,并提出分家,老弟兄两个就分开了。我大爹开了个土杂门市部,我父亲还跑驴。

我父亲跑驴的时候，领的一个小伙计叫范勇，他六七岁的时候就到我们家来了，不知道家里出了什么事，没有亲人了。他在外奶奶（外婆）家待了一年，外奶奶死了，又来投奔我大妈。我大妈是他的姨妈。那时候大爹正当家着呢，就安顿他跟上我父亲跑驴去，生活也能照看上。范勇跟着我父亲跑驴一直到20多岁，两个弟兄分家的时候离开了。

　　我大爹有一个姑娘，我父亲有一个姑娘，我大爹和我父亲商量说将来我们两个人的丫头里有一个要给范勇做媳妇，我父亲不同意给我们家的姑娘，我大爹说你要不同意，范勇就当我的女婿吧。那是1947年吧，范勇就做了大爹的女婿，跟他们家走了。

　　范勇走了，我父亲可发了愁了，以前范勇跟着跑驴，什么事情都是他弄，不要我父亲操多少心，现在请别人家的娃娃来跑驴，什么都得从头学。范勇为人很好，就连（像）我们的亲弟兄一样，人脾气有些大，谁惹了他，蹦子跳上骂呢，可是平时对我们这几个小的也很关照。

　　我父亲跑驴的时候我十二三岁，记得事情了。刚开始他以给人家跑运输为主，就是驮脚。驮脚的意思是把顾客的东西驮上送到目的地，然后由顾客支付跑路钱。后来自办的业务就多了，到沙枣泉或者三堡五堡驮些水货（水果）。驮上回来要当时卖不到（销售完），我母亲就负责卖，他赶快就又走了。像到八月十五的跟前（八月十五前）水果卖得快，沙枣泉那边他就连夜跑。

　　从巴里坤尖山子过去有个捷达坂，走一天一夜就到沙枣泉了，中途在沟里有水有草的地方站一站（休息），过了山那边有个叫柳树棚的地方水草丰茂，人就停下来打个盹，打个尖，放放驴，叫驴吃些草，喝些水，赶天亮就到沙枣泉了。

　　沙枣泉有两个，一个上沙枣泉，一个下沙枣泉。夏天去上沙枣泉，驮夏果子；秋天去下沙枣泉一个姓徐的园子里摘红果子。一次驮好多，我们家有个大窖,驮来的果子就存进窖里,过一段时间翻一下。赶(等到)过年的时候,挑上担子再上街去卖。

红果子才驮来的时候又酸又涩,到过年时就又绵又甜,能卖不少钱。国民党在新疆的时候,钱不顶事(不值钱)了,我们不敢要那个钱,一般就是以物换物,拿茶叶、布匹换。

那时候都是赶季节,巴里坤的运输以前就是靠牲畜,骆驼都是走大地方,路途远一点的。像水果蔬菜基本上就是靠毛驴往过来驮,一到过节好卖的时候就得加紧跑。

驮水果的时候桃子、葡萄都是用驮筐,瓜和果子等不易压烂的就用棉线袋子。一个驴也驮不多,按现在的标准说,攒劲(力气大)些的驴驮五六十公斤,当时讲市斤,就是一百多市斤。驮东西的驴鞍子是专门做的。一到做鞍子的时候,有那个手艺的人就来了。鞍子的形状大概像马蹄状,上面再装个锑(用具),草鞍子一备上,几乎就把驴的全身都盖住了。

垛子用毛绳子刹(绑),从驴肚子下面裹(穿)过去,两个人把垛子抬到驴背上,一个人把绳子从驴肚子下面送过去,对面的人把绳子接住,绳子上有个扣,扯紧了,再从驴屁股后面挽起来,起个殊(一种驴拉车的用具,便于固定)的作用,上山下山驴背上驮的垛子就不前后溜了。爬山的时候,山如果太陡,驴脖子前面还要攀(拴)一道绳子。下山必须攀,要不驮的货物全从驴的脖子前面溜下来。

驮干货的口袋都是从吐鲁番买过来的。一到那边去有些东西都要添置,到那里缺啥买啥。麻绳在那边买,毛绳就用这边哈萨克族人的。

用的工具根据驮运的货物定,清油、酱油、酒都是铁桶和藤条编织的笼子。驮酒必须用铁桶,先把绳子捆到桶上,留两个扣,往驴的身上搭的时候,需要两个人抬起来,扣一套,再销个销子,最后,还得刹一道绳子。

草达坂我跟上跑了几次,路算比较好走的,有时候也出事呢。我记得一次驴滑倒了,驮的红果子滚得满沟都是,我们只得停下来一个一个地捡。过来过去跑惯了,牲口都有灵性呢,不好走的地方人喊一声"滑滑滑",驴的蹄子就都放慢了。

走草达坂是驮水货(水果),走哈密就驮布匹、碱疙瘩,还驮过一种冬瓜。不是现在那个东南西北的东瓜,是冬天吃的瓜。这个瓜现在没有了,也是一种甜瓜,那个家伙比现在的夏瓜大,肉厚,能放住,温度适当的话可以放到过春节,好卖得很。哈密的维吾尔族人卖那个冬瓜都是在路边上搭个板子架架,再用马莲编个圈圈子,瓜放在那个圈圈里卖。过年的时候他们也卖,卖的时候一般不整个卖,是切开一牙子一牙子卖。

走奇台的时候食品百货都置办,吐鲁番是葡萄、花生、红枣,还有一种灶糖,小米熬的,那时候巴里坤人过年祭灶要用这个。小时候,我们家可不缺吃的东西,驮来的东西随便吃。我小时候上学到冬天也和同学们出去旅游玩。我有个水壶,葡萄干往水壶里一泡,我也喝,大家也喝。

冬天出去走哈密,一个驴上驮上几捆子草,想住店了就在店家喂,店家准备的草少,就用自己带的草喂。那时候到哈密得走四站,一路经过奎苏、松树塘、南山口,然后才能到哈密。

冬天出门就要带草料。驴的草料都是自己在草湖打草。打草也是个大事情,我们家养十几头毛驴,一年储备的草也不少。我跟上打了一寥寥子(一段时间)草,将近一个月呢。那时候没有钐镰,用的是外面进的一种大弯刀,人蹲下割。草打好,要拉回来,码起来放下,再就是买些麦草,和青草掺上喂。

冬天驴还得喂料,我们自己有个小石磨,用来给驴磨料,驴吃料吃得不多,一天一市斤,草喂得多,每天天不亮就起来喂一次,到我们吃早饭的时候,就该喂第二遍草了,然后饮水,冬天的时候一般饮完水就打野(赶到野地)了。

那时候巴里坤城的西门开着。从西门出去，往西北走到红星牧场，草多得很，蒿子也很多，驴打野也能吃饱。到下午喂料，驴惦记着吃料自己就回来了。我们院子后头南面没有房子，地方挺大的，可以晒上太阳，冬天驴就在那里喂，太阳一落就吆回到圈里。

冬天跑驴一般都住店，夏天不掏那个钱，就在外面露宿。跑驴都是关系比较好的几家子搭在一块，捎带的一个罗锅，到哪里准备宿营了，就把垛子一卸，拾柴的拾柴，舀水的舀水，和面的和面，做些大头揪片子放点盐，调上些咸菜就将就一顿。晚上驴鞍子一铺，皮褂子一盖就睡觉了。

驴户的驴一段时间后慢慢就得淘汰，一般平时走奇台、吐鲁番一些远地方，就把攒劲的吆走，乏的留下。驴的口一大(年老)就卖掉，再买些口轻的。

驴户对驴都爱惜得很。平时不舍得宰着吃，只有得了病或者被狼扯(咬)了，或者上山滚了洼的，实在活不成的，才宰了把皮子剥了做皮窝子，肉就吃了。

我们当娃娃的时候(小的时候)，喜欢的驴就给起个名字，像"大头""蚂蚱子""玉顶子""猴子"，喂料的时候特意给多喂些。

驴户喂的驴里面全是叫驴(公驴)，草驴(母驴)不能用，顶多用个骟驴。夏天，驴吃青草发情胡跑，就选一头老实的和经常爱跑的两个连起来。还有另一种办法，就是给爱跑的驴使绊绊子(把驴的四条腿用绳子连起来)，驴想跑迈不开腿，只能走。现在到山里还可以看到农户给有的放牧的马也使用绊绊子，可能使绊绊子的马也是爱跑的马吧。老道(厉害)一点的，就用现成的做好的绊绊成双叉绊或者三叉绊。绊两条腿的，如果还要跑，就绞绞子(交叉绑住驴的蹄子)绊上。驴放出去吃草，放驴的要经常照看。这并不是怕驴跑了，主要是那时候狼多得很，过达坂的时候，人一起吼哇喊哇(大声叫喊)的，狼也不敢来。

跑驴就跟放羊一样，一群群子随上（相互跟随）就走了，不用笼头拴，人家都叫的是"没笼头的驴"。只有过"六月六"（农历六月初六）驴才会拴笼头。那时候"六月六"庙上热闹得很，驴户家的娃一起骑着驴，套着笼头，捡（挑选）吃得胖的长得好的驴骑上，一起哇趟子（快速跑）跑到岳公台上玩起（去）呢。

养驴的人家不养狗不养猫，狗粪猫粪驴吃上害病呢。我们就碰上好几次，猫拉了屎喜欢埋起来，有时候就把粪埋到料瓣子里头，人不注意就挖上了。驴吃了肚子就会发胀，躺倒在地上也不起来了。一家子人急了，把烂鞋底点着放到驴鼻子底下熏，或者用脚在驴肚子上踹，踹上一阵子，驴翻起来，拉些粪就好了。

驴也会起瘴牙。我堂姐夫范勇就是个割瘴牙的好手，身上经常装个小刀子，一看驴不对了，就把驴嘴掰开给割瘴牙。瘴牙其实就是多余的软骨，割掉一点就好了。

他给驴钉掌也利索得很。给驴钉掌的时候，一个人抱着驴蹄子，他用半截子镰刀把驴蹄子削得平平的，把掌对上，看好大小再钉。有些人把驴掌上的钉子钉得太深了，钉到肉上去，驴就瘸了。他把那个钉错的钉子拔掉，炼上些清油浇上，把那个地方炸一下，过几天驴不瘸了，再重新钉就好了。

巴里坤雨水多，草好，驴好养，交通又闭塞，用驴的地方多，四条街上都有驴户。西街上住的是我们家、冯九子、石万才、罗发义、王青平、宁学员、刘富成、唐万贵；南街上住的有个尚祖柱；北街上住的是刘天才、包老三；东街上也有好几家子。

这些人家养的驴有多有少，西街上养得多的是我们家，有十几头；少的是刘富成，只有几头。刘富成以前是给人家拉骆驼的，有一年冬天出去把手冻坏了，就养了几头驴驴子。我们跟前的亲戚朋友，也有养几头的，自己不跑，找我父亲说："你给我把这些驴带上去，驮上瓜了回来给我几个瓜，驼上果子了给些果子。"那样的情况一般是关系比较好的、面子比较大的，人家张了那个嘴了就必须给带上，这算是给亲戚朋友代脚。

有人出门也是靠驴驮。驮客人先讲价钱，按路的远近，把你送到目的地，然后你给多少钱。行李少了就捎带上，多了就另外算账。那时候冬白菜新鲜得很，一般走哈密过来的人都要带上一垛子。

我父亲那个人细心得很，同行都叫他"细磨石"，到奇台、吐鲁番那些地方，别人都去改善生活，下馆子吃饭，我父亲不去，就吃自己带的咸菜馍馍，喝点开水。那个时候营房里住的国民党的几个部队，从部队伙房（厨房）里扔出来的馍馍疙瘩，我们就去拾上晒干留着慢慢吃。后来，做饭的大师傅就不随便扔了，让我们花钱买，不过比街上便宜，拾来的馍馍晒干，就是走远路吃的东西。

晒的馍馍硬得很，石头都砸不开。我记得有一次，我跟上跑驴，大家都乏了（累了），不准备做饭，可是肚子又特别饿，咋办呢，我父亲就取了些那样的馍馍，我们一起在水渠沿上蹲下，用石头围个围围子聚些水，把馍馍放进去泡软了再吃。

因为我们家养的驴多些，父亲在驴户中也有威信，政府就给我父亲安排当了个驴户头，是巴里坤的驴户代表。这样安排是为了有啥事情好抓哇（派差事）一点。我父亲当驴户头时为驮粮还坐过两次笆篱子（牢狱），两次的情形都差不多。

那时候年年要从奇台往巴里坤调粮，县政府有个于科长，外号叫"臭鱼"，他管这个事情。有一年冬天，天气冷得不得了，他把我父亲叫上去说让驴户们到奇台去运粮。我父亲脾气大，说天气这么冷怎么走呢，说着说着就嚷（吵）开了。臭鱼科长就把他抓起来叫蹲木笼子。那是个椽子做下的小木笼子，坐下可以，站不起来，睡也睡不成，人在里面可受罪了。最后我大爹找了些有面子(有影响力,有人脉)的亲戚把他给救出来了,又给我父亲做工作,说小腿扭不过大腿,你就带上些人去吧。

地皮子都冻得裂口子的呢,没办法,我父亲带上人就去了。我记得父亲回来以后鼻子上冻了大疤,人穿的毡筒、皮窝子都冻得不行。

驼 商 家 族

时间：2014年5月13日

地点：巴里坤哈萨克自治县花城小区

讲述人：陈志奇，县粮食局退休职工，时年71岁

采录整理：田蓉红

我的太爷叫陈荣，是从奇台过来的。在奇台的时候，太爷家也是当地的大户，他大大（爸爸）妈妈以前有些田产，据说现在奇台县祁家槽子那一带三分之二的土地都是他们的。但是在他十几岁的时候，奇台县遭了土匪，世道乱了，日子没法过了，不要说种地，连命都顾不住。当地的人逃的逃，跑的跑，以前热热闹闹的地方一下子就撂荒了。

太爷的大大妈妈可能想着他们岁数大了，跑不动，不想连累孩子，也可能是舍不得自己多年来置下的那些田产，就把他们弟兄三个撵出家门，只说了一句"各逃各的命去吧"，然后老两口就跳了涝坝寻了短见。

太爷弟兄三个跑到最后也分散了，一个跑到南疆，一个跑到达坂城，我太爷朝镇西这边跑过来，半路上被一家

人截了去。那家人没孩子，看见太爷虽然饿得面黄肌瘦，但是透着机灵，就要太爷给他们当儿子养老。

他把太爷领回去，给了个驴和驮筐，让他见天（每天）去附近的煤窑上驮煤。两口子对待太爷也算是挺好的，家里的饭食尽着他吃，每次出去还给带个馍馍包包，装上些馍馍。但我太爷不甘心给他们当儿子，每天有意识地偷着存下来一部分馍馍，藏在他去煤窑的路上。觉着存得差不多了，有一次出门，走到半路，他把馍馍包背上，把驴撂了（扔了）又继续往镇西的方向跑。

那时候兵荒马乱的，跑的时候他的腿上挨了冷枪，我太爷凭着一股子狠劲，硬是撕了衣服包住伤口继续跑，到死那颗子弹都没有取出来。

太爷一路朝东，跑到镇西以后，先是找到当地的邢家去给他们拉长工。邢家是个大户人家，有商号，也有驼队，我太爷跟上驼队跑了几次。那时候驼队的伙计都有自己的"捎骆驼"，可以驮属于自己的货物回来卖，我太爷脑子灵光（机灵），人又肯吃苦，他靠几峰"捎骆驼"慢慢起家了。

太爷人长得体统（精神），他给邢家当长工拉骆驼，一年有半年的时间都在外头，回来后，他手脚勤快，什么事都做，邢家的老人喜欢，他们家的女儿也看上了太爷，就被邢家招了女婿，从长工变成了姑爷。

那时候，镇西这边的人有钱了不是置办田地，而是置办骆驼，太爷自己也置办了些骆驼。他一个大数都不识，可是机遇好得很。有一年，镇西的葡萄干都压货卖不出去，别的驼商觉得行情不好，回来的时候都不拿葡萄干，只有太爷出去以后又驮回来了些葡萄干，当当（恰好）赶上葡萄干缺货价格上涨了，就这样赚了点钱，我老太都说我太爷有做生意的命呢。

二太爷最后没了下落。三太爷跑到达坂城，也置了些田地，在那边娶了个媳妇，没生养（没生孩子），后头（后来）联系叫我们接管家产去呢，那时候乱的，我们也不敢去。

我们太爷为人处世好,虽然在镇西举目无亲,可是也维了(结识了)不少朋友,逢年过节都互相走动。他在镇西一点根底都没有,还创出来这么大的家业,人家都说了不起。

　　驼队跑内蒙的时候,半路上经常会遭遇土匪,驼队都有自己的枪,遇到土匪人少,可以抵挡一下。我太爷枪法好得很,他平时在满城里放骆驼羔娃子的时候,喜欢带上他的长孙,就是我大爹。有一次,看见一只兔子,就问他:"你要死兔子还是活兔子?"我大爹说要活的,他就瞄准兔子的腿开了一枪,叫我大爹去追。

　　追上了又叫我大爹把兔子的两条前腿轴(举)起来,说:"你轴好,看我打兔子的头。"我大爹也就十二三岁,刚能背动枪的样子,说:"我不敢轴。"太爷说:"咋这么个怂胆子,你轴好,没事!"后头我大爹给我老太说这个事呢,老太把太爷狠狠骂了一顿,说拿自己孙子的命开玩笑。其实我太爷是心里有底呢。

　　我老太爷晚上打香头子,一枪一个。骆驼的背驮了东西被压烂了,一老(经常)有黑鸹(一种鸟类)在脊背上头蹲的呢,我太爷看见了抬手就能打得跌下去。

　　我爷叫陈国镇,打小(从小)就跟上太爷跑蒙古,说的一口蒙古话。镇西以前有个蒙古人叫冈冈久,是放牧的,给我们家代牧。我爷有时候把我放在马鞍子前头,领上我到他们家去串门子,从下马开始就和那一家人喧谎(聊天),说的全是蒙古话。

　　他以前有个七星宝剑,也是防身用的。那时候世道太乱,他就遭过(遇到过)几次土匪,有一次还被抓走了,家里人都说没命了,可最后不知道怎么还是跑回来了。

　　爷还说过,有一次他们在蒙古做了笔大生意,一路上还计划着挣来的银子该怎么处理,回去藏多少花多少。走到三塘湖那个地方,天将擦黑子(将黑未黑),就准备下房子住宿呢,忽然看见远处塘土干冒(尘土飞扬)的,几个人知道遇上土匪了,赶紧把骆驼链子割断,把骆驼向几个方向打散,人藏在渠里头和湖毛疙瘩(戈壁小丘陵)背后。

三塘湖的湖毛疙瘩都大得很,藏一个人没问题,再加上天也快黑了,土匪看不清。他们趴在湖毛疙瘩下,耳朵边听见那个马蹄子"蹚蹚蹚"就在头边上来去响的呢,人连大气也不敢出。等土匪走了,他们再爬起来,赶紧把没跑远的骆驼东一个西一个收就(收拢)上来,但还是有些骆驼被土匪连货物、元宝一起抢走了。

我的爷也是个能干的人,他一辈子说过(娶过)三个老婆子,第一个留了一个娃,生第二个娃的时候难产死了,又说了第二个,也就是奶奶,姓冯。说下我奶奶不久,爷又走蒙古跑生意去了,赶上土匪横行,路不通了,我爷就留在了蒙古,爷在蒙古听过去的人传言说镇西的人都叫贼杀完了,他一想,妈妈(我的太奶)也没有了,老婆娃娃都没有了,就哭了一鼻子(大哭一场),没有回镇西,在蒙古又办了(娶了)个寡妇,是个山西人,姓薛。

那时候也没有现在这么方便的通讯设施,路一断,就和家里的人联系不上了。我爷在蒙古生活了几年,置下的家业比镇西这边还大。后来听说路通了,家里的人都还在呢,就把那边的老婆和娃娃安顿好后,家业交代给蒙古媳妇照管着,领着伙计和小舅子回到了镇西。

小舅子在蒙古也有一家子人,跟上我爷送骆驼来了。回到镇西,路又断了,又把小舅子隔在镇西这边回不去了,我爷没办法又在大河二大队给小舅子办了个寡妇。

那时候我这个奶奶还在呢,在外蒙(古)办老婆子的事情,我爷亘口(压根)都没有提。但镇西一些跟他一起跑蒙古的老骆驼户都知道呢,后来我大爹和我父亲也知道了,单单(只是)不敢叫奶奶知道,我爷和那边也断了联系。但是我们还都记挂这个事情呢,后来我父亲生病了,在医院给我偷偷地安顿(叮咛),叫我去蒙古找一下这一门子人,说那边还有他同父异母的兄弟,要活着的话,也八九十岁了。

我爷挣了钱,不赌不抽。那时候一大家子在一起生活过日子,二爷死得早,二奶奶留了一个娃后改嫁了,我们的老太(太奶奶)一手抓养着那个孩子。三爷一辈子什么事也不干,还抽上了大烟。因为老二没有了,老三又最小,老太偏爱,做什么事也不管,任其所为。以后分家单另过日子,他还是好吃懒做,日子过得不景气,我爷逢年过节宰上羊了,马背上的搭子(褡裢口袋)一边装一个羊,等到天快擦黑了,趁我们都不注意的时候,在大门边上给我三爷撂上一个。

我们家在太爷和爷爷手里日子过得最兴盛。那时候,院子深得很,屋里头都有暗门,几道子,藏身用的。后来的驼商刘华就是给我太爷放下骆驼羔娃子的。我们自己家还有个商号,叫"田兴荣"。新中国成立前三年我们家垮了,主要是土匪扰乱的,再加上骆驼生病,染了瘟疫,天灾人祸,也没办法。

我父亲是受了新式教育的。1937年的时候,和牛炜、韩继章、邓鳌、王家善和徐浩一起骑了我们家的骆驼去迪化(今乌鲁木齐市)上师范。张钧和他是姑表弟兄,在古城子(今昌吉回族自治州奇台县)当县长,父亲他们到古城子时,张钧在古城子接待了他们,又安排轿车子把他送到迪化。我父亲当时学习成绩很好,和牛炜两人经常是班里的第一第二,毕业后分到了鄯善,后来又回到了哈密。

到后来我父亲挣上工资了,不管钱多钱少,可以养活一家人了。新中国成立时要求上交枪支,我父亲思想先进,给我爷爷做工作,交了三条枪,还有一条"水连珠",一次能打七颗子弹。我大爹爱枪得很,舍不得交,最后,还是我父亲给做通了思想工作交上去的。现在财政局那个地方以前是我们家的院子,我记得大爹擦枪的时候,一个黑鹜在房顶上叫,我大爹开枪就打死了。他打小就跟着我太爷，枪法也好呢。

我父亲教了一段时间书就不教了。为啥呢，是我大爹贩了大烟被抓住了，叫我父亲保去了。叫上去以后，盛世才的人派人和他谈话，有意要拉拢他，我父亲坚决不干，自动离职跑回来了。一直到新中国成立以后才安排在女子学校教书，1958年，还被评为巴里坤（哈萨克自治县）的优秀教育工作者，王恩茂给发的奖状，奖品是一本北京日记本。

我爷爷是1970年死的。他最疼我，我那时候正在说媳妇，对方那边一直不给话，我爷就说："赶紧定下来，叫我看哈我孙子说的是个光脸子还是个麻脸子。"他一直记挂我的婚事。那时候不像现在，没定亲也不能随便领上给他看，结果他临死也没等上孙子成亲，给爷爷留了个遗憾，可他最遗憾的可能是到死也没有把蒙古的那个奶奶和孩子接过来，一家人始终没有团聚。

南园子人家

时间：2013年6月20日

地点：巴里坤哈萨克自治县花园乡南园子村

讲述人：张凤麒，花园乡南园子村村民，时年80岁

采录整理：田蓉红

我们记事的时候，南园子的人不多，只有60户，种菜的是陈战升的大大（父亲）叫陈真，马家的弟兄两个马仁贵和马银贵。那时候运输比较落后，菜成熟后摘下来都是放到担担里，挑上到城里卖。我的爷爷张才也种些红萝卜、韭菜之类的，有时候城上的人来定好就买去了。韭菜一般吃到八月份，吃三道子（三茬）或是四道子（四茬）都是提前说好的。

城里人定菜，在看中的红萝卜地里头插个棒棒子或者钉个橛橛子就算号（定）下来了，到时间人就来挖了。我们以前住在地藏寺西边，再往西，就是马宽的大大马老五和他的叔叔马老六，他们卖了一辈子菜。种粮食的就是李生子，他们有一大片地叫李家地。

龙王庙西南上是吴家，大家都叫他吴老二，也种菜，

就是现在吴士林家的那一门子(一家子)。那个时候,人和人之间都不直接称呼大名,像我活老了,都不知道自己父亲叫啥。

刘宗礼家,涝坝上还有个文德本的大大也卖菜,种粮食。那个时候的人枯焦(窘困)得很,一年种的地也不少,可是日子不见好。不像现在的年轻人种些地,在外头搞些副业,生活也好。新中国成立前,新疆动乱了几十年。要不是动乱,这里的确是个养活人的好地方。

这边有个侯万玉,是这个社社长的哥哥,(家里)弟兄三四个。村子南手里(南边)全是好地,都是地心子(土质较好的地块),可是弟兄三个硬是给人家拉长工也不种地。为啥? 他种不起嘛。那个时候是二牛抬杠,没有牛就种不成地。拉长工一年(给)12担粮食,那时候两亩地才打一担,算来算去,拉长工还是划算。

马宽的大大种菜,生活好得很,要是多种上几年就能多置些地。他们这家子人传了辈数了,后代都能干。

园子上以前几家子一个磨,但我们家自己有个磨呢,谁家需要推(磨)粮食都来提前问。那个时候推磨不收钱,一般就是把面拿走,麸子搁下,有猪娃子的人家就给猪娃子留一半,没有猪娃子的就直接把麸子留下了。城上做生意的人一般用布匹换粮食吃。"打水没人问,碾磨千家用"。附近还有一口井,庙东上百号人在一口井里吃水。

有些人在外面打工,去奎苏、二十里、三十户那些地方给人家说(干)几个月的活。干活还有带种(种子由雇佣人家提供,收获后的粮食归自己),掌柜的给你带种,秋天收了就是自己的。

赵焕堂家的那个地方全是灰堆(垃圾堆),灰堆高得站在上面都能望到城外头。烧炕的灰、养牲口的垃圾都往那里倒。养牛的人家少,一般人家买个牛都是使唤去呢,不吃牛肉,说牛是人的哑巴儿子,不能吃,政府也禁止宰牛,这是农耕社会遗留的风气。不像这个介(现在),人们都有钱了,可劲吃肉,牛被宰得可怜的。

李子英的大大(父亲)李旭成是卖肉的,挑的杆子挂的秤,卖的不多,一天只能卖两个羊。李作东的爹李文新推出去一个单轱辘车车,卖腊羊骨头。腊羊骨头味道好,都是全套,羊腔子(羊的整个胸腔部位)也卖。他煮得好,不烂,也不知道用得多大的锅煮的呢。卖的时候一个羊腔子就在车里放着呢,客人要啥就卖啥。我们的爷爷那时候爱提个羊脖子回来吃,说羊脖子上肉多。

卖凉甜酒(当地一种用小麦发酵过的小吃)的人缸缸子(铁桶)挑上在满大街转着卖。王守义的大大也卖过,王守仁(20世纪)80年代还在街上卖,他在前面喊"凉甜酒",我们就端上个盆子追着他去买。

卖柴火(取暖用的木柴)的是赵毅的大大,一老(经常)给驴驮上卖的呢。那个时候黑沟不封山,夏天上山放倒些树,冬天拉上就卖去了。那时候的柴市就在现在县委附近,叫"柴市上"。1954年巴里坤还有卖柴的呢。我失学后18岁跟上人家卖柴,几家子人搭在一起,都是换人不换牲口,拉回来卖。

一般拉柴就在大泉湾村南边的大黑沟,不放活树,放立死干木(枯死没有倒的树),或者风倒木(枯死后倒地的树)。拉柴火都是冬天,山离得近,冬天雪也大,木头放到雪上,在一头打个眼子,牛身上搭个笼套一起子(一次性拉下来,中途不用休息)就捞下来了。这样拉的次数多了,牛自己就习惯了,把它们赶到溜槽(雪地里拉木头形成的冰槽)里自己就拉着木头下来了。

冬天我们抓疙瘩鸡(山鸡),还领上狗捉兔子。兔子不好捉,几个弯弯子就找不到了。那个时候有野猪,但是我们没有见过,只看见有踪踪子(痕迹)。南山上的蘑菇也多得很,人都不爱采了。不像现在天上一下雨,山上采蘑菇的人就满了。那个时候蘑菇多了,人都吃不完。

腊 羊 骨 头

时间：2013年5月28日

地点：巴里坤哈萨克自治县古城小区

讲述人：张德山，县城居民，时年82岁

采录整理：田蓉红

以前，巴里坤的腊羊骨头是对羊的头、蹄、下水的一种综合炮制吃法。做法是将羊的头、蹄、下水烫洗干净，同羊的骨架一并下到一个盛有陈年老汤的大锅，煮熟就能吃了。因为香味诱人，有腊肉的味道，所以被叫做腊羊骨头。

煮腊羊骨头的汤是老汤，平时需要不断添水再加上调配好的佐料包就行了。

当时，经营腊羊骨头生意的在县城只有两家，一家在汉城西街，姓赵，他们家的大儿子赵壁，一辈子以经营腊羊骨头为业，市民都把他叫做"赵羊头"，埋没了真名；另一家在北街，姓李，名文新，长子李作栋协助父亲操业。

秋冬，每天天刚黑，赵、李两家羊头房子里就传出了叫卖声："腊羊骨头哩！羊蹄哩！"告诉居民们羊头、骨架及下水已经熟了,赶紧来购买。

喜欢吃的人家听见这叫卖声就会打发孩子挎篮子去捞(买)。叫卖声数李文新高亢,他站在羊头房子门前呼唤,半城的人都能听到。一些年轻人不把腊羊骨头捞回家而聚伙在羊头房里就地而吃,抹嘴便走。

四乡(附近乡村)的农民有时进城碰巧也吃,但他们常讥讽城里人是"溜下腊羊骨头的",意思是生方想计(千方百计)地吃。赵、李两家经营腊羊骨头两代,新中国成立后由县食品公司经营。

二 堡 记 忆

时间：2014年9月18日

地点：巴里坤哈萨克自治县大河镇旧户东村

讲述人：邹福，大河镇旧户东村村民，时年85岁

采录整理：田蓉红

我们家是西安人，到巴里坤四辈子（四代）了，以前住在奎苏乡板房沟，1934年贼反（闹土匪）了，全家人搬到了城里。后来父亲被马仲英抓了壮丁，抓到哈密后他找了个机会逃了出去，躲到二堡去给当地人打坎（坎儿井）。

父亲安顿好以后，就找驴户把我们母子几个都驮过去。那个时候养驴的人家多，外出走远路的人就找驴户雇几头驴驮人、驮东西。当时我5岁，老二还在吃奶。那时候正是挨饿的时候，因为土匪经常抢粮食，户儿（农户）家的人都打了地窖，把粮食灌进去，再把麦草铺上，即使这样，粮食也常被土匪找见抢走。城里的人都在城外头挖达子萝卜（一种野菜），拿回去掺点粗面熬成糊糊喝。隔一段时间，公家仓库里的毛馍馍（已经长毛发霉的馍馍），一家

子给上一公斤将就度日。

走哈密的时候,我们的母亲在陈贵家的油坊里买了些麻渣(油渣)和一锅麸子掺在一块蒸上,苦得没法吃。人饿坏了,从西达坂出了山,那边全是苦豆子,有牛奶膀(牛乳房)那么大,有些人叫它水葡萄,我们看见了跳下去就要吃,驴户紧挡慢挡,说有毒不能吃,再坚持下过去到堡里啥都有呢。

一到堡里,那边的果树上结得满满的,红果子、白果子把树枝丫都压弯了。我们跑上去就吃,吃饱了,在树下蹲着呢。一会儿一个当地人领了个巴郎子(男孩子)朝我们走过来。我们以为是吃了他们的果子打我们来了,结果他来啥也没说,就问我们是从哪里来的,我们说:"是镇西(今巴里坤哈萨克自治县)的,被土匪欺搅得没法待了,就到堡里来了。"他说:"哦,是镇西逃难来的。"说完就走了。

一阵阵又来了几十个人,有女的,有娃娃,手里头都提的馕,磨面馕(白面馕)、苞谷面馕,来就递给我们让我们吃。桑树下铺了一地的桑子,我们正拾着吃呢,他们说:"地上的不要吃,蚂蚁爬过了,要吃就吃树上的。"那些当地人好得很。

驴户把我们送到堡里就走了,我们在树下睡了两天,第三天那个当地人又来把我们领到他们的房子住下了。

他们家是里外屋,我们住在外屋,娘母子(母亲)针线好,就给他们做些鞋和袜子。饭做好,他们就来叫我们一起吃,他们吃啥我们吃啥,拉条子尽管吃,要是哪天吃汤饭,清了就给馕让我们泡上吃。娘母子做了活了,他们拿上三个五个馕就给我们,到最后我们的筐子里就盛满了馕。

就这样,老先人(父亲)给当地人打坎儿井,娘母子做针线,我8岁就开始给堡里的一户人家放羊,一家人在二堡维持着生活。

三塘湖的神枪手

时间：2014年6月18日

地点：巴里坤哈萨克自治县三塘湖镇中湖村

讲述人：姚建新，三塘湖镇中湖村村民，时年82岁

采录整理：田蓉红

　　我的祖上自甘肃来到三塘湖之后，苦心经营，家境最好的时候，饲养着100峰骆驼，1000多只羊。太平年代，三塘湖和外蒙古的群众互有往来，外蒙古的人在冬天会选择在三塘湖附近的条湖放牧过冬，我家的1000多只羊也雇佣了外蒙古的牧人代为放牧。

　　1949年前后，这里闹土匪非常厉害，外蒙古的牧人把羊赶到外蒙古去放牧，从此就没有了音讯。我的祖父在赶骆驼的途中被土匪杀害，100多峰骆驼也被抢走了，一家人无奈逃进了县城，留下一栋拔廊起脊的四合院被土匪一把火烧成了废墟，几代人辛苦置办的家业从此化为乌有。

　　1947年到1948年，是土匪最猖獗的时候，当时三塘湖

乡上湖村有国民党的部队,其他村子的人在上湖村都修建有一栋临时住房。一听到有土匪来,各村的人就赶着牛车,拉起被褥往上湖村跑,有时候就直接集中在部队的院子里,拉些麦草一铺,人挤着人睡在那里,等土匪走了再回去种地过日子。

三塘湖东边、西边、南边都有土碉堡,晚上都有站岗放哨的人,山头上经常派人监视,远远看见骑马的或者是戴尖尖帽子的就发警告。

1948年前后,三塘湖乡派了当地六个农户去50公里外的岔哈泉村种地。三塘湖乡驻扎的国民党部队派了两个当兵的带枪保护去种地的群众。在那里,他们遭遇了土匪,除了岁数最小的韩万继机智逃脱,其他人都被土匪杀害了,逃跑回来的韩万继向我们讲述了他惊险的经历。

那天,他们在地里劳作的时候,远远看见戈壁上出现了几个骑马的人。有人说,可能是土匪,趁他们还没有发现,先发制人,拿枪打死他们。也有人猜测说,可能是出来找牲口的人,不要错打了好人,我们先躲起来观察一下再说。几个人商量好后,便跑回暂住的房子,把两杆枪藏在炕洞里,人躲进了院子里的一堵专门藏身用的夹皮墙里。

几个骑马的人进了院子后,转了半天,没有发现什么情况,正准备离开,这时躲在夹皮墙里两个心急的人从墙里探出头来,恰好被土匪发现了。这下,所有人都被赶了出来,站在院子当中。

因为三塘湖气候炎热,当地农户劳作的时候都喜欢剃个光头,很少有留头发的,而两个当兵的都留着头发,从这上面,土匪辨清了他们的身份。他们知道当兵的有枪,先拉过当兵的要枪,经不住毒打,他们说出藏枪的地方,拿到了枪,土匪心狠手辣地把剩下的人一个个打死了。

韩万继的岁数最小,看见同去的人一个个被杀死了,他心里一直盘算着怎么能先把命保下来。他知道土匪都喜欢马,就问:"你们要马不要,你要马的话就不要打死我,我把你们领上走,营房里好马多得很,我熟悉路,把你们领上去,保证能偷上。"

土匪动了心,就用绳子把他捆起来,让他领路去三塘湖的驻军营房里偷马。中午时分,他们走到距离三塘湖乡大概15公里的地方,看太阳还高高挂在天上,土匪们就不敢走了,他们停下来弄些吃喝,开始休息。一些人躺在胡杨树下睡觉,另有两个人拿着望远镜上了附近的烽火台朝远处观察。

走了一路,捆着韩万继胳膊的绳子已经松动了不少,抖几下就能掉下来,而土匪们的马都歇在树下,根本没有挽缰绳。韩万继觉得这是个逃跑的好机会,他慢慢蹭向一匹马,准备抖落绳子翻身上马的时候,两个上了烽火台的人已经开始往回走了,感觉没多大把握,他只好又坐了下来。

这样一直等到天黑透了,土匪又逼着他开始往三塘湖走。走到雷达站那个地方,附近有个深沟,当地人叫夹心沟。夹心沟分为两条岔,一个向东延伸,叫东泉沟,一个向西延伸,叫西泉沟,沟里长着不少胡杨树,还有浓密的蒿草。韩万继停下来,给土匪说,这里距离营房不远了。营房里养着狗,我们骑马过去的话动静太大,容易被发现,只能把马拴在这里我们步行走过去。

从小生活在这里,韩万继对夹心沟附近的地形特别熟悉,为了消磨时间,他先领着土匪走进西泉沟,沟里长满了柳树和密密麻麻的黄刺,土匪跟在身后,磕磕绊绊地走不快,一个岁数大点的土匪牵着捆他的绳子,亦步亦趋地走在他身后。

走了大概一公里,快接近营房了,韩万继还是没有逃脱的机会,只好领着土匪在黄刺窝里转圈圈,最后走到一个水渠边上,水渠大概有两米宽,夜晚听起来,水声哗哗地响,水流湍急的样子。他知道这里的水其实不深,而且距离营房只有七八十米远,一下有了主意。他使劲甩脱土匪的牵绊,跳到了水里,朝对面跑去。

土匪们不知道深浅,根本不敢下水,也不敢开枪,就这样韩万继一个劲地向营房跑去,边跑边扯着嗓子喊"土匪来了,土匪抢马来了",营房里养着几条凶恶的大狗,平时人都不敢接近,但那时候,韩万继什么也顾不得了,直接冲进了营房的院子里。

他给闻讯而来的驻军说,来了几个土匪,有几条枪,在什么地方,让他们赶紧去打。还告诉他们土匪拴马的地方,说先带几个人绕过去,把土匪的马抢来,土匪就没办法跑了。可是营房的驻军看天太黑,不敢贸然出去,只是打了一阵乱枪,结果一个人也没打死,土匪全逃跑了。

韩万继依靠机智脱身,后来在三塘湖颐养天年,寿终正寝。虽然他已经去世很多年了,但他讲过的经历我们都还记得。

三塘湖还有一位薛乡约和两位神枪手,他们组织群众保护家园,都曾是让土匪闻风丧胆的人物。

三塘湖可耕种的土地不多,这里的人大多以种瓜为生,只种少量的麦子,所以麦子显得尤为珍贵。每到秋天万物成熟的时节,就不断有土匪骚扰,抢瓜抢粮食。薛乡约为人勇猛,威信也颇高,常把三塘湖的人组织起来对抗土匪。

有一年秋天,他派出侦查的人传来消息说有大股土匪朝村子这边来了。一些胆小的人就想着赶紧躲起来,往地窖里或树林子里跑。薛乡约派人把那些躲藏的人全都找回来,集中在一起,说:"藏不是办法,藏得了一时,土匪把东西全抢走了,还是白白饿死,只有跟土匪打,才有活路。"大家觉得他说的有道理,也有了胆量和勇气。

他让全村人把收获的瓜果粮食集中放在村头杏园西边一个两进的院子,院子前后连着,地方宽敞,墙高院厚,是个适合抗衡的地方。全村人都集中在那个院子里,自卫队发的枪由几个小伙子拿着俯身在房顶上,年老体弱的一人拿一根木棒站在后院的墙下,等打退的土匪从这里经过时再追击。院子的墙上还掏了两个大洞，派两个枪法好的、被称为神枪手的年轻人守在那里持枪瞄准，随时准备抗击土匪。日落时分，有土匪悄悄地向场院这边摸过来，两个神枪手一人一枪当场打死了两个。

土匪吓得没了动静，半天，用马鞭举起一个帽子试探，神枪手瞄准帽子下方，估计是脑袋的地方一枪打过去，那个土匪也当场毙命，围过来的十几个人吓得再也不敢动作了。但是，他们在不远处的山口上，还埋伏了一个人，估计也是土匪里枪法较好的，看这边的土匪吃了亏，那边的火力一下猛了，压得这边的人不敢抬头，近处的土匪们又蠢蠢欲动。这时，大家只能指望着两个神枪手，能打掉那个火力点上的土匪。

三塘湖的这两个枪手一个姓秦，老人们都叫他秦家双关子，另一个姓韩，名字已经没有人知道了，但是关于他的传说很多人都知道，据说他每天晚上把三炷香点到墙头上，出去"啪啪啪"三枪打灭了香头子才去睡觉。

他们家从来不缺肉，想吃肉了就出去到戈壁上打黄羊。那时候还没有人管这些事情，谁想打就打，别人打黄羊都是看黄羊不注意的时候偷偷地打，他偏偏要打一个口哨把黄羊喊灵醒了以后才打，沉睡的黄羊听见口哨激灵一下站起来，刚要跑，他一枪就打死了。

因为他枪法最好，大家都把希望押在他身上。但是，当时的土枪射程不远，打死那个土匪的可能性很渺茫。有些人只能悄声求告老天爷："老天爷，你要保护我们这方人平安，就让我们的枪手把这个土匪打死，我们还能稍微松懈一下。"

不知道是老天爷听见了三塘湖人的求告，还是神枪手的枪法真的够神，姓韩的枪手开了一枪后，那边再没了动静。土匪一看粮食没抢到，并且死了几个人，不敢再进攻，就跑了。薛乡约怕他们再返回来祸害乡亲，到天黑以后，挑了两个人骑快马，到巴里坤城搬救兵。那时候骑快马来去需要一天时间,等救兵搬上来了,这边的土匪也都跑了再也没来。

现在的三塘湖日子越过越安生。这些事情,许多年轻人都不知道了,但都真的曾经发生过的。

死 里 逃 生

时间：2013 年 5 月 6 日
地点：哈密市电视台家属院
讲述人：马述明，县宣传系统退休干部，时年 80 岁
采录整理：田蓉红

　　我出于 1933 年，祖籍甘肃民勤，后来移民新疆，落户在镇西（今巴里坤哈萨克自治县）。我出生那年，是 1933年，当时镇西匪患十分严重。村里一些上了岁数的人经常会提起那几年的情景，说当时这里的牲口和人，差不多被土匪整（害）完了，他们不仅抓走牲口，还要把人打死，城墙跟前和昌家庄子的土匪看过去就是一个黑茬（形容人特别多），到了晚上，到处都静悄悄的，没有动静。因为很多人被土匪打死了，活下来的人们吃不上五谷，全凭吃野草、挖达子萝卜（一种野菜）根头，甚至吃艾、吃苣苣（一种喂猪的野草）保命。

　　在这种状况下，我们家的生活也特别困难。11 岁后我就开始给人放羊放牛，挣钱养活自己。1950 年，我刚年

满17岁,给西户村姓任的姑父家放羊,跟我一起放牧的有6个人,分别替村里的几个大户人家代牧,六群羊加起来大概有2300多只。4月初,戈壁上的青草刚刚露头,羊群都撵着青草芽子走,散落在远离村庄的戈壁上。

出事的头一天,我们远远看见戈壁西北一个叫白石头的地方在冒烟,几个人还坐在一起说,那边可能有土匪呢。说归说,谁也没有当回事,第二天还是继续把羊赶到了戈壁上。我们赶着头哨羊走在最前面,后面还有一些春天刚下过羊娃子的生产母羊,走得比较慢,就留了一个人在后面照看着。突然,一帮土匪骑着马从山沟里绕了过来,围住了我们,双方也就四五百米的距离,我们想跑也来不及了,一起放羊的人中有个叫姬第顺的,悄悄安顿我们说,不能乱跑,土匪手里有枪,如果跑现在就会被他们乱枪打死的。

我们走在最前边的四个人和羊群都被土匪抓了,后面照看生产母羊的一个人看见土匪,直接把羊群扔了跑了。再后面一点,有个叫图娃子的蒙古族小伙,被两个土匪抓住用绳子捞(押)着走,他尻子坠住(沉下身体)死活不肯走,说,你们要打死我就在这里打死我算了。那两个土匪身上没有枪,又不敢下马拿刀子戳他,因为那时候,在大河乡二渠上种地的人已经发现了这边的情况,纷纷把犁地的马歇下来,骑着追了过来。两个土匪害怕了,扔下他跑了。

大河乡几户丢了羊的人家不想眼睁睁看着土匪把人和羊带走,拿了几支枪追了上来。我在最前头吆着羊走,听见枪响,知道追过来的人和土匪打起来了。

一个土匪慌乱中把马放跑了,被四大队的姜万才一枪打死。姜万才在哈镇警备司令部所辖骑兵十六团当过兵,枪法很好。进了山不远,有一段路叫"骆驼巷子",一个土匪开枪直接把姬第顺打死了,剩余的我们三个人让一起吆上羊继续走。这时候,山里地形太危险,后面追赶的人也不敢追过来了。

劫持了我们的土匪当天没有走多远,赶到太阳快落山的时候,他们走到马王庙东边的三个泉子,在那里给羊饮水,我悄悄数了一下,总共有23个土匪,只有13个背枪的,10个没枪,看来看去,我一看有一个以前认识的不在了。那个人1949年的冬天在北山住的呢,晚上路过西户村的时候,在我姑爹家住过一晚上,我姑爹好吃好喝地招待了一顿,我有些印象呢。土匪劫持了我以后,他曾走到我跟前不好意思打了个埋眼(假装不认识)走过去了。我一瞅,马多了一个,人没有了,估计就是前面枪响时被打死了。

在三个泉子,土匪宰了几只羊煮肉吃,让我们在一边看羊,另有一个人拿着枪远远监视我们。估计他也是肚子饿了,看我们也不是特别上心。跟我一起被抓的任继元岁数小,才14岁,是我五姑妈的儿子,就贴在我跟前坐着。我给他说,等天黑透了,你要能跑出去你就跑,我要能跑我就跑,我们要一起能跑,我拉你你不要吭声,跑的时候千万记住不能跟路跑(跟着一起跑),要错开路。被抓的还有一个叫巴斯太的蒙古族人,他离我们太远,彼此说不上话。

到天黑的时候,土匪把我们弄到他们中间坐下,不长时间,一个人把巴斯太拉过一个山梁梁子打死了。我悄悄给任继元说,完了,枪响了,打死了。半个小时后,我之前见过的另一个土匪,长得像个俄罗斯人,眉毛黄黄的,眼珠子蓝蓝的,穿着一身国民党军官的黄呢子衣服。他也去过我姑父家,当时也是穿着这身国民党军官的黄呢子衣服,从夹山出来拿着大烟到处找人换子弹,背着一把新新的七九式步枪。

他和一个小伙子来到我跟前,把我的衣服扒了。我的腰里系着一个绳子。之前我的皮带被他们抢走了,我有个背馍馍的抽抽子(条形包袱),上面拴一个绑羊的绳子,我就拿下来当皮带用。他们用这个绳子把我的双手朝后反反子绑上，也拉过山梁梁子要去枪毙我呢。

那个像俄罗斯人的土匪拉着我走在前面，然后叫我跪下，后面的小伙子举起枪瞄准我，枪离我大概三米的距离吧。我心如死灰，想着这下完了。他打的第一个子弹没过火（没打响，哑弹），我面向前跪着，他第二次拉枪栓重新装子弹的时候，我掉头望了一下，身子就这么斜了一下，这一次子弹过火了，自己觉得肩膀上靠近脖子这个地方像被棒子狠狠捣了一下，就啥都不知道了。

不知道过了多长时间，我眼睛睁开了，看见了天上的星星。我一想我还没死，就觉得血在身上淌得黏黏的，吓得没敢动，悄悄听动静。那两个土匪正在我背面，一会儿过来一个还低头看了一下我，那边的人问死了没有，这个人说死了，血流得多得很，然后他们就走了。

我听见他们走远了，爬起来就跑啊，人都不知道疼了，不敢慢走，就小跑的呢。一慢走，身上没有衣服冷得很。前面他们吃肉的时候，一个岁数大些的人给了我一个羊膀子骨，还给我舀了一碗汤，我吃了些，身上还有些力气呢。我一直跑到一个泉泉子边上，心里发热，趴在地上，喝了几大口水，赶天亮终于跑回了家。家里人把我的绳子解开后，我就啥都不知道了。

这样被抓住的人，有的被打死了，有的跑了，就剩任继元一个人了。他岁数小，土匪可能觉得没啥威胁，就没打死他，叫他吆（赶）上羊跟着他们走。据任继元说，打"死"我后，土匪晚上没敢在那里过夜，继续走到八墙子沟，第二天又到大红山去，在那里休整了一下。

春天的羊乏，抢的那天羊吆得紧得很，有些走不动，还有下羊娃子的，放了三天，他们又向西走。他们的房子在黑山头，就是现在开煤矿的黑碗泉那一带。缓（休整）了三天以后，给羊把水饮足，人用牛皮袋子装满水，再向红柳泉那边走过去，那边都是戈壁，这一路上一点水都见不上。

到了红柳泉土匪就开始分羊了,抢走的2300多只羊。土匪乌斯满的手下分了1000只走了,剩下的羊其他人继续分,按照他们的做法,给被打死的土匪家里人给了400只羊,其余的就按照人头分了。

分完羊后,土匪们要回自己的地盘去了,里面有个小头目,大概60多岁,一路上一直用自己的马驮着任继元。他后来把任继元送到煤矿回巴里坤的那条路上,给他削了个红柳条子,让他路上防狼用,并且给他说,顺着这条路一直走,第二天早上就能回家,因为土匪不在大路上走,比较安全,还给了他一点煮熟的肉让在路上吃。

自从我跑回去给家里人讲了我们被抓的事情,我的姑妈(任继元的妈妈)哭得眼睛里都没有泪了,天天在戈壁上跑着找儿子。他们家老大也天天站在房上往西山那边看。直到第七天,也就是任继元跑回来的那一天早上,他在房顶瞭了一阵子,突然大喊着"山口子上有个人影子呢",他们家有马,他下了房就骑上马迎过去了。任继元那时候已经跑不动了,看见哥哥,人就和我当初一样,一下子就跌(晕)过去了。

那一次土匪把西户村的羊基本上抢完了,剩下的都是乏(病弱)的呹不出去的,也就几十只了。我算是三个被抓的人里唯一的幸存者,任继元也算是被那个岁数大些的土匪头子给护下来了。

后来解放军到西山的黑山头去剿匪,戈壁上没有路,汽车经过西户村的时候在庄子湾里走,春天农户家浇水,水淌过的一片子盐碱地过不去,村里发动老百姓赶着马车和毛驴车拉着麦草垫,赶(等)把几十辆汽车弄出来就晚了。部队追过段家地西边的梁,追上了一部分土匪,那些土匪那时候再有几公里就到家了,听见汽车追上来了,把羊扔下,人全部跑了。

一个给部队带路的蒙古族人看了羊的耳记说这就是西户村的羊,抢走的2300多只,咋这么少了。那时候土匪头子乌斯满的手下赶着1000多只羊已经从煤矿直直向西往青鞡律山去了,他们从乱山子里直接呹走了,剿匪部队没有发现。

　　巴里坤的这些土匪必须从段家地这边朝西南走,解放军部队后来一直把他们追到花儿刺的戈壁上,他们绑了个白布条条子,投降了。

空手捉活狼[注]

时间：2013年7月25日

地点：巴里坤哈萨克自治县八墙子乡北戈壁村

讲述人：哈衣萨巴依，大红柳峡乡牧民，后定居八墙子乡北戈壁村，时年83岁

采录整理：田蓉红

1960年4月，我所在的向阳牧场（今大红柳峡乡）的羊群正在产羔期，不时受到狼的侵袭。而在青鞠律山附近，狼在一个月之内吃掉了向阳牧场的9峰骆驼，而放骆驼的人根本不知道狼在哪里。当时，向阳牧场有三位猎手，我就是其中之一。那年我刚30岁，接到命令后背上一把自制猎枪骑着一匹马，一个人去找狼的踪迹。

走了一天，在牧业点西北角的青鞠律山下被踩翻的碎石上，我发现了狼的行踪，顺着踪迹，找到一个山洞，悄悄走过去，洞里传来小狼崽子的叫声。每年春季，都是母狼

注：此故事发生在20世纪60年代。依据《中华人民共和国野生动物保护法》第二十一条第一款"禁止猎捕、杀害国家重点保护野生动物"，狼为国家保护野生动物，禁止猎捕、杀害。

的生产期,这时的母狼身体虚弱,小狼还没有长大,是消灭狼的最好时机。

看到狼洞,我骑的马在原地转着圈圈,不敢再向前走,我只好下马找了一墩梭梭,把马拴在那里,取下了枪。就在我刚回头的一瞬间,从山洞里扑过来一条黑影,我急忙扣动扳机,子弹顺着狼胸部的皮毛划过。同时,狼毛茸茸的大嘴猛地咬上了我的右手腕,两只狼牙穿过袷袢(长外套)刺进了我的胳膊。我又害怕又生气,当时也管不了那么多了,用另一只手猛地拽过狼头,反手将狼的鼻子深深地摁进土里不敢松开,狼怒吼着,挣扎着。过了很大一阵(很长时间),狼的身子终于瘫软,我也跌坐在地上,出了一身的汗。这是一只刚生产完小狼崽后不久的母狼,身体还很虚弱,要不然,那天我的情况会更加凶险。

山洞里一共有五只小狼,一只躺在洞口,已经被前面射击出的子弹打死了,我抓过另外几只,摔死后,一个一个剥了皮子,割下鼻子,不敢停留,向回走去。

狼的习性是,母狼生产后的半个月左右,在洞里休息和照顾小狼,由公狼负责外出觅食。狼一般不会骚扰狼窝附近的畜群,为了母狼和小狼的安全,公狼往往会在100公里之外寻找食物。我的手腕负伤了,需要赶在公狼回来之前回去。

当时牧场有规定,打死一只大狼奖励一只大羊,打死一只小狼则会奖励一只羊羔,打死多少狼,以狼的鼻子为凭据,所以,每次打死狼之后,我们都要割下狼的鼻子回去交差。

狼很狡猾,也很猖狂。那时候,在山里牧放的畜群随时都会遇到狼的袭击。遇到妇女和儿童放牧,狼会直接冲进畜群里,叼走羊羔。狼选择羊羔做袭击对象,是因为他们需要把这些小羊当做狼娃子的训练工具。

我曾亲眼看到过两只大狼是怎么训练小狼娃子扑食猎物的。那一次,我在三塘湖的百里戈壁上发现了两只狼的踪迹。踪迹很奇特,比一般的狼踪明显得多。刚开始我还以为自己遇到了一只从未见过的狼王。再走,我慢慢看出了门道,原来那是两只狼留下的印记,一大一小。凭经验,我觉得这是一只公狼,一只母狼。每次,母狼的爪痕都小心地印在公狼走过的地方,狼很狡猾,他们这样做是避免留下更明显的踪迹。

我骑着一峰骆驼,驮着足够多的水,边找边走,两天后,走到了三塘湖边缘的哈布特克山下。我躲在一个小山包后,看见不远处的盆地上,五六只狼崽子围追着一只羊娃子,两只大狼蹲坐在一边,看见羊娃子要逃出包围圈了,就起身赶回去,然后继续蹲坐在一边观看。

我举枪瞄准体型最大的公狼射击,没有防备的公狼负伤后向西奔逃,母狼带着惊慌的狼娃子们向另外一个方向逃去。我瞄准母狼又开了一枪,母狼跟着枪声直接倒在地上了。狼娃子都惊慌地向洞里钻去,我紧追在后面,用枪托打死了一只小狼,又拽起一个快要进洞口的小狼后腿,把它摔死在地上,其他小狼纷纷跑进了洞里。我脱下身上的袷袢,紧紧盖住洞口,返身回去,看倒地的母狼,已经被一枪毙命,顺着血迹,在两三公里外,我又找到了倒地的公狼,两只大狼都已经被打死了,暂时也没什么担忧的,我按照习惯剥下狼皮割了狼的鼻子,又返回到洞口边。

我的袷袢还盖在洞口上,听起来里面没有什么动静了。狼洞在一棵胡杨树下,盆地上的狼喜欢在胡杨树下挖洞,盘根错节的胡杨树根可以防止狼洞漏沙坍塌。等了半天,也没动静,我拿开袷袢,把洞跟前胡杨的枯叶收罗了一大堆塞进洞口,再将其点着,想把里面的小狼给熏出来,半天还是没有动静。天慢慢黑了,我干脆穿上袷袢,坐在洞口,抱定了死等的决心。两天后,两只饥饿的小狼才先后爬出洞口,已经奄奄一息,我顺手就捉住了它们。

(20世纪)70年代以后,草原上的狼灾不那么严重了,为了生态平衡,政府不提倡随便打狼了,但是每到四五月份,狼生产的季节,我都忍不住要去山里转转。1998年的时候，我68岁了，还空手捉住了一只活狼。

那一年，北戈壁又传来狼袭击牧民羊群的消息，我一个人骑着马去春草场看情况。在山里发现了一个洞口，朝里面一看，黑咕隆咚的，什么也看不到，便随手折了一根梭梭枝，向里面捅过去，发现有动静。我脱下袷袢盖住洞口，用随身带着的一把镢头在距离洞口两米的地方开始向下挖去，不一会儿，洞挖通了，一只狼的后腿露了出来。

狼很害怕，躲在那里一动不动，洞很小，狼的身子没法转过来，顾头不顾尾的。我用绳子把狼的后腿捆得结结实实，然后使劲把它倒提出来，出洞的狼凶狠地吼叫，想回头咬我，我抓过袷袢把狼头紧紧地裹起来，又从外面牢牢地捆住狼嘴。

我就这样拖着一只活狼回到家里。家里的大人孩子都很害怕，叫我放了，我没答应，找了根铁链子把它拴在后院里，村里人都好奇地跑来看。狼龇着牙，气呼呼地叫，放在面前的食物根本不吃，咬起盆子就甩了出去。我试着养了两个多月。一天，三个穿警服的人走进我家里，向我出示证件，说是地区林业局工作人员，听说我捉了一只狼，劝我交给他们带走放了。后来，我想通了，把狼交了出去，政府还给了补贴。

在灭狼运动中，我打死过大小62只狼。

我们以前打猎，一是因为政府的号召，也是因为生存的需要，但是对我们猎人来说，不该打的东西也不胡打。向阳牧场有一个老枪手，在一次打猎时，打死了一只从来没有见过的全身雪白的野羯羝，后来，他的头便莫名其妙地肿了，人也晕过去了，清醒后他对别人说，自己做了一个很长的梦，他打死的是一只神羊，从那以后他再也不打猎了。1960年的时候，萨尔乔克乡两个专门打野羊的人，打过无数的野羊。一天他们看见一只盘羊，刚端起枪的时候，听到一个威严的声音告诫他们说："这是我的马，你们不能打我的坐骑。"两人四下看看，却一个人也没有，再看那只盘羊，脊梁上湿漉漉的,像是刚刚卸下鞍子的样子。当然这些都是传说,我也没见过,但这也告诫我们,不该打的不能打,不然上天也会惩罚的。

在老一辈人的传说里,万物生灵都有自己的守护神,这是告诫后人,不能随意滥杀,尤其是狼,这个东西聪明得很,报复心也强得很,我作为牧场猎人出于保护集体牲畜需要而打狼的那些年,自己也遭受了狼的报复。有一年秋天,我离开青羯羚山附近的家到县城去办事,房子里只留着老婆和女儿。就在我离开家的三天里四峰小骆驼被两只狼咬死了。还有一年,向阳牧场的所有人向纸坊(以前是个造纸厂,迁走后,该地还以纸坊为名)顶上搬走,留下我挡(看护)草场,看配种站。有一天,我不在,还是那两只狼冲进羊群,咬死了20多只羊。

打猎过去是自己的工作,不得不打。但是打猎的生活也给了我一个好身体,年轻时,为了打狼爬山越岭,在浩瀚的戈壁上一走就是几天,有时随身携带的食物吃完,就想办法打一只野羊,吃肉喝血,到现在依然精神矍铄,从未得过病。2008年巴里坤举办了万人登山活动,我跑在了很多年轻人的前面,登上岳公台,拿到了第五名,抱回一坛子岳公酒。

夹闹捉狼[注]

时间：2013年6月18日

地点：巴里坤哈萨克自治县萨尔乔克乡苏吉东村

讲述人：萨合多拉，萨尔乔克乡苏吉东村村民，时年88岁

采录整理：田蓉红

　　我的父亲在新中国成立前为牧主，有4000多只羊。我五六岁时，父亲去世，一直是哥哥阿合买提照顾我。1949年，听说解放军要来了，阿吾勒（牧业点）的人都打算逃走。开明的哥哥说，解放军来了，我们为什么要跑呢，他们能打胜仗这是趋势，就跟大水要流过来一样，你们见过流过来的大水能挡得住吗？在哥哥的坚持下，我们一家和阿吾勒的20户人家一起留了下来。

　　从1957年开始，我被选为猎手，执行打狼的任务。虽然是猎手，但我刚开始打猎的时候手里却没有枪，因为一

　　注：此故事发生在20世纪六七十年代。依据《中华人民共和国野生动物保护法》第二十一条第一款"禁止猎捕、杀害国家重点保护野生动物"，狼为国家保护的野生动物，禁止猎捕、杀害。

些人说，"萨哈多拉是牧主的儿子。"因此当其他猎手手里都握有一杆枪的时候，我手里只有一副铁匠做的夹闹（抓狼的夹子）。

用夹闹，必须提前侦查好狼的行踪。狼都有固定撒尿的习惯，如果一只狼在某个地方撒尿，其他路过的狼也会在这里撒尿，甚至狼会在头狼面前撒尿表示自己愿意服从头狼。

如果发现有狼撒尿的地方，那用守株待兔的办法肯定会有收获的。下夹闹是个细致费心的活，必须先挖一个坑，在里面支起夹闹，上面用干马粪轻轻盖住，因为马粪轻，不会弄翻夹闹，然后再在上面撒上干土。下夹闹的附近不能留下一点新土，要全部装起来，带到很远的地方扔了，再从别处运来老土，轻轻洒在上面，处理成和地面一样平。

狼是特别狡猾谨慎的动物，一点点疑惑都能让它望风而逃。我每次下夹闹之前都要反复用羊油摩擦，清除铁锈味，如果顺风，狼在很远的地方就能闻到，肯定会绕道而行。但是，这样大费心机埋伏的夹闹，对狼的杀伤力并不是致命的，如果不及时赶到，它们就会不顾一切地挣脱逃跑。

有一年在黑山头，我设下的夹闹抓住了一只狼，可是等我赶到以后，看见夹闹上面只留下一只血淋淋的狼腿。我当时就倒吸了一口冷气，这是一只无比凶残的狼，为了逃命，它硬是咬断自己受伤的腿跑了。

顺着断断续续的印迹，两天后我终于追上了那只受伤的狼。狼很聪明，它用舌头一直舔后腿，试图把血舔干，然后避开有人迹的地方，一直跑到了山里面。

两天两夜的追踪，狼跑乏了，我也跑累了，狼在戈壁滩上筋疲力尽的卧着，我手里没有枪，就装了一口袋石头。看到我后，狼努力用三条腿站起来，慢慢挪动，狼头始终对着我，用一双凶狠的目光死死盯着我。

我骑在马上，与狼周旋，忽然狼猛地扑过来，张大嘴死死咬住了马的后腿，马疼得嘶鸣起来。我怕马被咬死，赶紧跳下马，拿石头打狼。打一块,狼要么躲开,要么敏捷地用嘴接住,狼牙被打碎,满嘴鲜血,十分吓人。眼看十几块石头快打完了,终于有一块石头狠狠地打在狼头上,狼被打昏了过去,我骑到狼身上,拿起石头又一顿猛打。确定狼死了,我才浑身无力地翻下身,摊开四肢躺倒在戈壁上。

1960年,商业局在西山黑山头放牧了一群羊,下午的时候放羊人吆回(赶回)来一半羊,另一半还留在那里。两只狼冲向羊群,一只狼在周边拦挡四散逃开的羊,另一只狼冲进羊群里。远远的一个放马的人看到,吼叫着赶过来的时候,狼已经叼起两只羊逃走了,戈壁上躺了一地的死羊。

几天后,骆驼群里又有十几峰骆驼的嘴被狼扯烂了。骆驼的嘴一烂,就会死去。一个正在牧放羊群的孩子看见狼冲进骆驼群,大声吆喝,狼一点都不害怕。那时候,西山里的狼胆子极大,而且它们会看人,只要是遇到女人和娃娃放羊,就会毫无顾忌地冲进群里抢羊吃。

有一次,狼咬死了一匹骆驼,吃了一半,还剩一半。我在剩下的骆驼那里下了夹闹,果然打死了一只狼。那之后两个月的时间里,狼变得安稳了,再不敢出来了。狼之间也会互相传递消息呢,它们一旦知道哪个地方有厉害人,就不敢轻举妄动了。

打了几年狼,我也慢慢摸索出了狼的习性,能凭自己的经验知道该在哪个地方下夹闹,狼再狡猾,有时候还是会被我的诱饵所迷惑。

有一次,羊群里被咬死了一只驹俐(山羊)娃子,我告诉牧人不要挪动,这只死羊终会引来饥饿的狼的。我在驹俐娃子的前面埋下一个夹闹,隔天去看,趴在那里的却是一条野狗。我知道狼有闻狗鼻子的习惯,便没有动它,在狗头前面又埋下一副。连环套终于捕获了一头公狼,看起来有小牛娃子那么大,我相信那次捉住的是一个头狼。

还有一次,我在黑山头附近跟上了一只狼,一直跟到一个洞口前。那是个生产后不久的母狼,因为饥饿跑出去找吃的。母狼有时候会把猎物撕咬成碎片,吃到肚子里,等回到小狼身边时,再吐出食物喂小狼崽。

母狼进洞后不久,我觉得它注意力正集中在喂狼崽子上,就慢慢靠过去,脱下身上的袷袢(衣服)堵住洞口。狼闻到了人味,低声咆哮着。我在狼窝上面挖了个洞,看到大狼蜷在最里面,狼娃子在前面,我把离手最近的一只狼娃子扔出去,继续朝前挖,挖出了一堆毛,原来是狼尾巴。我用手里的镢头打断了狼的两条后腿,狼呜咽一阵,没了声息。我以为狼死了,扔下镢头一下子拽出来。狼却忽然张开嘴巴,死死咬住了我的衣服,我努力地向前摸索着,摸到了一边的镢头,狠狠砸过去,狼才瘫软下去。

这样用夹闹抓了三四年后,公社才给我发了步枪。我用夹闹和步枪在十几年的时间里一共打死了150多只狼,成了公社出名的打狼英雄。

我是一个驯鹰人[注]

时间:2015年4月18日

地点:巴里坤哈萨克自治县萨尔乔克苏吉东村

讲述人:夏里甫汗·卡孜依,萨尔乔克苏吉东村村民,
时年70岁

采录整理:田蓉红

我的驯鹰技艺来自我的父亲。我从10岁跟着父亲帮
忙熬鹰开始,到现在已经有60多年了。这60多年,我驯过
20多只鹰。

驯鹰的人都知道,成年鹰不好驯服。成年鹰脾气大,
性子烈,不如小鹰好驯。我的父亲以前抓过一只成年鹰,
结果它不吃不喝,一个月后硬是把自己饿死了。从此后,
我们的驯服对象主要就是小鹰了。

巴里坤县境内西北部的大夹山,蒙古语称为哈套鄂
拉,意思是"坚硬的石山"。在海拔1000米左右的高崖上,

注:此故事发生在20世纪50年代。依据《中华人民共和国野生动物
保护法》第二十一条第一款"禁止猎捕、杀害国家重点保护野生动物",鹰
为国家二级保护野生动物,禁止猎捕、杀害。

有许多鹰巢。就是这么险峻的地方，也挡不住我们这些驯鹰人想要得到一只好鹰的渴望。

每年的1月到6月，是鹰的孵化繁殖期。我们会在5月去捉鹰，捉回来后喂养、驯化。高山上的鹰窝中，有的里面产有两只鹰蛋，有的里面只有一只鹰蛋，一般来说，我们更喜欢一只鹰蛋孵化出来的小鹰，那样的小鹰更强壮。

确定了捕获目标后，我们就会守在那里，等待机会捕捉小鹰。

孵化的时候雄鹰和母鹰是有分工的，一只出去找食，另一只就留着孵化。母鹰的体形大，护巢心理也更强，总是警惕地打量四周的动静。我们的目标是出生40天左右的小鹰，连续多日蹲守，看到雄鹰和母鹰都飞离了鹰窝，几个人赶紧从崖顶上把身体较轻的同伴用绳子放下去，快速地抱起小鹰离开。

鹰也很聪明，它们的巢不会距离崖顶太近，总有十几米的距离。这期间，如果碰到鹰回来就很危险。有一次，我和同伴在捉小鹰的时候，遇到母鹰飞了回来，它在抱着小鹰的人身边飞来飞去，大翅膀轮番扇着，着实让人害怕。

即使再小的鹰，被抓回来后也有气性，七八天时间不吃东西，饿得奄奄一息。最后熬不住了，我们会给点动物的内脏，它就会狼吞虎咽地吃了，也由此从心理上逐渐有了对主人的依赖。

鹰的食量很大，一顿可以吃一两公斤的肉。但在驯服期，鹰被套上"吐马哈"（特制的眼罩），不仅要接受饥饿的考验，我们还会把它放在一根悬吊在空中的横木上，来回扯动这根"尔尕克"（熬鹰架），发现鹰瞌睡就用木棍击打它的脑袋，人也跟着熬，所以与其说熬鹰还不如说是熬人。

之所以让鹰站立在这么一个晃悠悠的"秋千"上，是为了让它适应日后马背上的晃荡，否则马匹奔跑起来后，鹰的翅膀容易张开，就无法及时俯冲捕捉猎物。这样驯出的鹰,在马背上坐得整齐稳当,一旦眼罩拿开,就能准确扑向猎物。

经过几天的煎熬,鹰的野性意志被征服,会闭上它那不可一世的眼睛,精疲力竭地摔倒在地。这时,要往鹰头上浇凉水,让它苏醒过来,再扔给它一件我们的衣物,昏昏欲睡的鹰会抱着衣服睡觉。衣物上有主人的气味,鹰会认下来,产生依赖。三天后,我会用肥皂和热水给鹰洗澡,彻底洗干净它身上的野气,鹰就会把以前残存的记忆都忘了。

小鹰在半个月之后就逐渐得以驯化,这时才开始喂食。喂食时要把鲜肉的血水冲洗掉再喂,俗称"白肉",否则鹰吃了带血的肉很容易发胖。为了巩固鹰对主人的依赖,每喂一口食物,我都在上面粘上一点自己的唾沫(口水),或者直接掰开鹰嘴,往里面啐唾沫。

检验一只鹰的体力时,我会站在100多米远的地方拿食物引诱鹰,如果鹰直接飞过来,停在我戴了皮筒的手臂上则证明它肥瘦刚好。如果鹰飞到中途需要落下去休息,那就证明鹰过胖,体力乏弱。此时,需要给鹰进一步"减肥"。

"减肥"时,拿一块碎毛毡浸在水中,泡软后拧干、压缩体积,把它裹在肉块中让鹰吞食下去。鹰天生具有把体内杂质积团吐出的功能,不但祛火,而且能起到去除肠油和胃里不消化的残留物的作用。这样反复喂食反复呕吐,直到鹰的体重达到符合的要求。中间,还要让鹰站在冰块或冰冷的石头上,阴气顺着它的腿爪蔓延全身,让它的体能、体质达到抗耐的极限。在以后的捕猎过程中,鹰会更勇猛,更有耐力。

我们驯鹰主要是为了抓狐狸或者兔子。我把事先准备好的狐狸皮和兔子皮拿上,呼唤着鹰,提示它前去捕捉。如果鹰无动于衷,则还需要继续熬,等到鹰饥饿难耐的时候,再拿狐狸皮和兔子皮训练,鹰会直接扑过去。

野外调驯时,要先把鹰用于掌握平衡的12根尾羽用线缝起来,让它无法高飞,只能在小范围内活动。一直受煎熬的鹰此时充满攻击性,去掉眼罩后见到猎物,它便会直扑过去。

我们驯鹰的人随身都带着一个装食物的袋子,鹰捕捉到猎物后,会及时给它奖励一点食物。时间长了,鹰和主人间便逐渐有了默契——鹰见到猎物的标本便会去追逐,并用双爪紧紧地把猎物压住,直到主人过来喂给它食物,它才会任由主人收走猎物。

这样训练一段时间,再拆去它尾部的线。但为了防止鹰逃跑,要在鹰腿上拴一根长绳,像放风筝似的让它去捕获猎物,等到熟练后,可将手中的绳子松开,但不能取掉。因为它一旦要飞跑,绳子还吊在空中,骑马容易追到。

每年10月,巴里坤山区便开始降雪。几场雪之后,期待已久的驯鹰人便会呼朋唤友,相约一起出去捕猎。都说"鹰饱不捕猎",出发前,我们照例会让猎鹰饿上一两天,并准备好充足的诱鹰食物,作为奖励和收猎之用。

捕猎要早早出发,太阳刚出来时,狐狸、兔子等小动物从雪地上奔跑而过的足迹比较清楚,容易辨认。跟着那些踪迹,很容易发现猎物。虽然鹰的目光锐利,爪子尖锐,但是,在猎捕过程中,有些狡猾的对象也会使用"诈术"或者拼死反抗。

有一年冬天,我和同伴早上带着猎鹰出去,跟着一道狐狸的踪迹,追到巴里坤西北部的阿什哈拉山附近,发现了猎物,我取下鹰的眼罩,鹰像离弦的箭直射出去,随后从天上俯冲下去。

有经验的人都知道奸诈的狐狸遇到追逐的鹰从不回头观望,只从地上的影子判断危险的远近。我们遇到的就是一只很有逃生经验的狐狸,在鹰俯冲而下快到地面的一刹那,狐狸突然停止不动,眼看鹰直冲下来,它忽然回头向相反的方向逃去。来不及收翼的鹰落在地上再起飞时，狐狸已经逃出了很远。虽然最终它还是被鹰抓获，但这样的情况对鹰来说也很危险，有些鹰俯冲力度太大，快到地面时，猎物逃脱，鹰会直接撞击到地面，轻的翅膀受伤，重的就会直接撞死。

有点经验的驯鹰人会根据实际情况，决定放不放鹰。遇到体积较大或者不好对付的猎物，通常要人鹰配合，才能成功。一般情况下，鹰遇到猎物的时候，都会很兴奋。有多次猎获经验的鹰会选择从后面抓住猎物的后腿，在它们回头的一瞬，另一只爪子直扑面门，然后把晕头转向的猎物紧紧压在身下。

猎鹰最厉害的就是猎爪，它们就像匕首一般锋利。它们能抓起超过自身体重10倍的猎物。别看猎鹰的体形小，但战斗力绝对厉害。

哈萨克族人一向有训练鹰在草原上长途追击野狼的传统。经过训练的鹰，可以在草原上长距离地追逐狼，等狼疲惫不堪时，鹰会一爪抓住狼的脖颈、一爪抓住狼的眼睛，让狼丧失反抗的能力。遇到狐狸或者狼的时候，我们会借助皮鞭和刀子在一边帮忙。

驯鹰也有危险。2013年，我驯鹰的时候，鹰一个爪子抓在我的胳膊上，另一只爪子抓到了我的眼睛上，差点把我的眼睛弄瞎。

出去打猎，看见猎物，我们驯鹰人和鹰都很兴奋。有一年冬季，我带着猎鹰去乔恩季巴依克孜勒山（在鹰嘴山以东2公里，巴里坤至博尔羌吉镇公路北侧，山体多为赭红色）里打猎，骑马到山顶上后，我发现了一只狐狸，随后取掉鹰的眼罩，鹰向着猎物俯冲下去。

这只狐狸也很狡猾，被捉后居然翻身死死压住鹰的翅膀，鹰用爪子抓住狐狸嘴，在地上翻滚。看见情况紧急，我一挥马鞭，马直接从三米高的石头上跳了下去，等我到跟前，狐狸已经站起身来，猎鹰一只爪子抓住狐狸，另一只爪子上拴着的绳子缠在灌木上，无法拉近。我赶紧拿出随身携带的小刀直刺过去,才让狐狸毙命。

鹰在抓到猎物的时候,会野性大发,那时就得及时给它喂食以示鼓励和安抚,乘机拿走猎物。我们驯鹰人中还有一个不成文的约定,几个人同时出去,放鹰一定要单独放,不然鹰之间也会相互有冲突。抓回来第一个猎物要送给朋友,不然下次出去捕猎会一只也打不上。当然,接受赠予的朋友如果觉得过意不去,也会用回赠羊只的方式表示感谢。

驯服一只猎鹰虽然不容易,但我们驯鹰也有自己的约束,即使再优秀勇猛的鹰,也不会让它们一生都去捕猎。通常情况下,四岁的鹰是最勇猛的,六岁左右就可以放开了,让它们重回天空,交配繁衍。

渴望自由,是鹰的天性,看着飞回蓝天的鹰,我们虽然留恋也会接受。鹰与我们之间都是有感情的。哈萨克语中鹰被叫作"布尔克提",我给自己的第一个儿子取名叫"布尔克提拜",邻居们都直接叫他老鹰。我给自己最喜欢的鹰取的名字叫"金眼睛"。"金眼睛"的食量特别大,四岁左右的时候,三天要吃两公斤肉。一次,鹰没有肉吃了,我偷偷宰了只小羊,为这,老婆和我狠狠吵了一架。

第三辑

不曾忘却的记忆

码上解读

☑ 阅精选佳作
☑ 忆新疆往昔
☑ 赏疆域山水
☑ 记阅读心路

"万泰和"没落之后

时间：2013年6月18日

地点：巴里坤哈萨克自治县古城小区

讲述人：牛炜，县教育系统退休教师，时年92岁

采录整理：田蓉红

　　我的家族世世代代生活在巴里坤。祖父当家时，主要养骆驼经商，家境较为殷实，字号"万泰和"。有一年祖父领驼房子（骆驼队）走归化城（今呼和浩特市）患了急症，病故在归化城。此后父亲牛万泉继承父业。但由于他体弱多病，只去了两趟就病倒了。父亲身体异常瘦弱，经常心口疼痛并呕吐，尤其是坐席（参加婚礼）回来十有八九就蹲在屋前台檐上呕吐。

　　到我出生的时候，因为父亲长年患病，叔父又没有能力料理生意，家境逐渐破落，我们家族的产业"万泰和"也徒具虚名。

　　我是1921年7月27日出生的，是家里的第六个孩子。我的母亲姓李，她和父亲给我取了个小名叫"福生"。据母亲说，

我出生后体弱多病,他们盼我能平安健康长大,又把我的名字改为"泰和"。

我7岁的时候,父亲离我们而去。他的离去是我们苦难的开始。母亲当时还怀有身孕,不久生了个女孩,这是家里的第九个孩子,可惜生下来就死了。当时哥哥14岁,姐姐10岁,妹妹5岁。因生活无着落,大约一年后母亲就托姨表叔俞积德联系,让哥哥骑上骆驼到迪化(今乌鲁木齐市)博达书馆(镇西人朱炳开的,里面的工作人员几乎全是镇西人)学做生意。哥哥的外出对我们来说真的是生离死别,因为他才刚满15岁,从未离开过家。一个人出门,人地两生,前途若何,母亲很是担心,常常为此哭泣,姐姐和表姑(婴儿时就丧母,后又丧父,由我母亲哺育抚养成人,18岁时当女儿一样出嫁)也跟着哭。当时我还不懂事,体会不到那种深厚的亲情,但心里也不是个滋味。哥哥一走,家里没有一个能出头露面办事的男人,唯一的男子汉就是我了,凡是非得男人干的活就都由我来干,这就是"穷人的孩子早当家"吧。

因为我是家里唯一的男子汉,随着年龄的增长,好多活计都能干了,在家里就顶个大人使唤,日常家务如挑水、劈柴、推磨、喂马等我得干,冬天拾牛粪,夏天上山背柴也都是我的活计,只是在闲暇时才去上学。

记得13岁那年暑假,我开始跟着舅舅赶着两头牛上北山的直沟里拉烧柴。有一次下沟口边坡时,舅舅到坡下去挡牛,几根木头滚下去把他打倒了,一根压在他脖子上,我急忙跑过去使出全身力气将木头搬开,扶他坐起,只见他嘴里流着黏黏的长长的口水,双目紧闭,不省人事。我吓得不知所措,忽然想起大人们说人昏过去要撅着(抱着让坐起来),我就紧紧地抱着他,大声地喊:"舅舅!舅舅!"约莫半个小时后,他才渐渐清醒过来。休息了一会儿,我们才赶着牛拉着柴慢慢地下山坡。那天赶回到家,天已全黑了,家里的人可急坏了。

14岁那年寒假期间,我跟着邻居王志泉到冰沟里拉柴,他赶一匹紫马，我赶一头缠花牛（黑白花），我给他做伴，他帮我放树。记得那时冰沟西崖上有十几层冰节子（小型冰达坂），我们先用斧头在冰节子上砍两个脚窝踩着，上一层再砍两个，一直从沟底砍到崖顶，上到崖顶。那时山上的树很多，砍柴倒是很容易，只要把砍的柴用绳子串联，顺着溜槽拉到冰节子上放开，木柴就飞也似地滑到崖底牛能到的地方，人下来再重新连好拴在牛身上就拉回家了。因我年龄小，身体又不壮实，摔跤和碰伤的事情就太多了，一回到家里就觉得浑身疼痛。令人不解的是在山上能抬动的木头，一回家就抬不起来了，可能是人的潜能总在无意识地发挥作用。

为了补贴家用，我在课余时间学着别的同学开始做小生意，最早是挖些达子萝卜（一种野菜）和锁阳，用小筐提着大街小巷吆喝着卖。后来在东街王万祯的糖坊里批发些焦糖、白糖沿街叫卖。到了冬天，母亲托人在南园子买上几百斤洋芋，每天煮上一筐让我去卖。记得有一天在鼓楼底下遇到一个国民党军的士兵要吃洋芋，我称给他一斤，他吃完后掉头就走，我向他要钱，他不但不给钱反而打我一耳光。我便哭着跑回家，求母亲再不要让我去卖洋芋了，母亲说："好娃，还是去卖吧，不然生活怎么过，以后见了当兵的躲一躲。"

14岁那年秋天，我去李家沟收表叔杨继张代我们种的四斗青稞地，来去20多天。那20多天的生活可没好过，顿顿是手抓一把盐的素饭不说，只说饮水就叫人恶心。那地方吃的是涝坝水，一池死水供人和牲畜饮用，山里的野猪也在夜间来喝，喝完后还在水里打滚。水里长有一种红色的小虫，人们叫"水虱子"，从涝坝汲水时，用一块白大布过滤后才提回家让水沉淀，待澄清后再吃用。

受了那么多罪不消说，赶回到城里得到了一个让我难以接受的噩耗。先是遇上一个远方姨姨（年龄比我还小两岁的小姑娘），她告诉我说："娃娃，你外奶奶（外婆）死了。"我以为她在骗我，就没理会，赶我回到家看到院门上贴着还未被铲去的烧纸,才知道外奶奶真的死了。顿时,我感到心如刀绞,眼泪夺眶而出,不由得大声哭喊:"奶奶呀!奶奶呀!"哭声引出了家里所有的人,但谁也劝不住,都跟着我掉眼泪。我哭了一整天滴水未进,第二天就病倒了。病因一方面是过分的悲伤,另一方面是感冒了。就在回来的那个夜晚,寒意颇重,我先是坐牛车,天亮了骑马,衣服又不怎么保暖,就着凉了。这一场病害了足有一个月。我需说明的是我的外奶奶和我舅舅当时都住在我家,和我们一起生活,家里虽生活贫困,没好东西让我吃,但奶奶特别疼爱我,我自小爱奶奶。奶奶是我最亲近的人,她老人家临走时我都没见上一面,我怎能不悲伤呢!

从14岁开始直到去迪化求学,我每年只能上半年学,也就是上学一个学期,其余时间跟舅舅种地。战乱时,母亲借钱给我买了新户20亩地,准备让我当农民。因为我小,还顶不了一个壮劳动力用,就请舅舅代种。因耕地少,春耕时舅舅一个人能忙过来,不用我帮忙,所以上学期我可以上学,但到了打草的时候就用得着我了,我的活计是帮他收草。草一打完,秋收就开始了,我又帮舅舅割麦子打场,直到把麦草都拉到家,我的活计便告一段落。

记得有一年初冬,我往城上拉麦草,晚上跟着我四爷家的拉城粪(在城里各个公厕内收集的肥料)的车队走,我在车上睡着了,车搁在漫水的冰滩上我都不知道。待我发现,前面的车已经走远了,我急了,便大声地呼喊,尕爷(爷爷最小的兄弟)牛安听见了,他掉头回来,脱去皮窝子裹脚,让我也脱去鞋,两个人下到刺骨的冰凌中,爷爷扛车轮,我拉牛,才把车拉出冰滩。我的两只脚冻得失去了知觉,放在皮袄里焐了好一阵儿才感到冷冻和疼痛。

1936年,我与舅舅和我的堂兄牛耀在北山小熊沟种了一年的地,由于土地多年荒芜,土质非常肥沃,再加上那一年风调雨顺,小麦长势特别好,满以为这下可碰上好运了,秋后一定有个好收成。谁知秋后只收了些嫩绿的麦草,打下的粮食真可谓是"鸡儿吃上不下蛋"的瘪籽儿。究其原因,一是因为种得晚了,二是雨水多,长荒秧了,可惜我们舅甥三人半年的辛苦白费了。

白搭工夫不消说,在小熊沟种麦子时还经历了一段惊险故事。记得当时我家在小熊沟修的房子被土匪放火烧得连一根椽子也没有留下,只剩下烧焦的断壁残垣。我们就把车用木棍支起来,用车架子与茇茇编的圈子围起来当房子住,三石顶锅当伙房,是真正的风餐露宿。令人疑惑的是每天下午吃剩的半锅饭,第二天早起就莫名其妙地没有了。后来我们发现"房子"周围有"狗爪"印,顺着爪迹跟踪,不是从梁头朝下走,而是朝东下去向兰旗沟方向走了,这可不是牧羊狗所去的方向。以后就注意观察,才发现是一只独狼在烟火熄灭、人睡着时来偷吃。可能那只狼还没有尝过人肉的鲜美,要是尝过,我们三个人早做了它的晚餐了。现在想起来都有些后怕。

这一段时间务农生活非常艰苦,但对我来说是极好的磨炼和教育,它不仅培养了我吃苦耐劳、坚韧不拔的精神,也使我懂得了农民生活的艰辛和勤俭持家的重要性。

秋收时,也遇到了几件吓人的事。第一件事是我险些被狼吓死。事情是这样的:开始是我和舅舅、堂哥三个人割麦子,后来割得多了,就由舅舅趁着月光赶两辆牛车往北乡(现在的大河镇)送,我与堂哥继续收割。我们两人中必须有一人帮舅舅送车上西梁,另一人看房子。我不敢去送车,看房子也害怕。无奈之下,我还是选择了看房子。舅舅给我壮胆说:"不要怕,把火架得旺旺的,狼见火就不敢来了。"有一天晚上,我一人在"家",兰旗沟的那只独狼嗷嗷地叫着直奔我们住处而来。它跑得很快,不一会儿就上了东梁,那两只眼睛宛如两盏闪着绿光的油灯,一时吓得我浑身冰冷，头发都竖起来了！我惊恐之余想起舅舅的话，赶紧到火堆跟前拨火，火苗顷刻间燃烧起来，狼这才转头下了梁，跑了。我长出了一口气，感到浑身酥软。

另一件事是打狼。有一次，我们刚把舅舅送走，兄弟二人脱了棉衣准备睡觉，忽听哈萨克族牧民的牛在我们的麦地里奔跑号叫着，并用角挑散麦捆子。在不明真相的情况下，我们一人拿了一根巴股(干树枝)，顺牛嚎的方向跑过去往外赶牛。谁知牛群里有几只狼正在和牛搏斗，明溜溜的眼睛叫人毛骨悚然！起初我们被吓呆了，站着不敢动，稍作镇静后，我们两个都未成年的人就豁出命在牛群里打狼，牛借人势也追顶狼，这才把狼撵走。当然，第二天少不了又要捆那些被牛角挑散的瘪麦子。

在半耕半读这段日子里，有些事我毕生难忘。因为家庭生活困难，我上学时吃饭穿衣各方面条件都比别人差。从吃的上大部分同学上学拿的馍馍都是白面的，而我则是拿着黑色的难以下咽的杂粮馍馍；一起上学的同学有的下课嘴里吃着糖果等零食，我馋得直咽口水。从学习用具上别的同学经常换着使用优质纸笔写字，我则撕下哥哥用剩下的本子，写字用的毛笔也是掉了毛的。至于穿戴就更差了，记得有一年学校叫学生穿一套新式衣服，黑色的上衣是裁袖的，而且衣袋、袖缝及裤缝都夹有一条红布压的边。全班的同学都穿了，唯独我没有，为了能穿这种时兴的衣服，我不知掉了多少眼泪。记得最严重的一次是躺在地上哭闹，挨了母亲一顿打，母亲虽打了我，但她哭得比我还厉害。因为买不起布，而且这种衣服母亲不会做，要请裁缝做又出不起手工钱。平常我穿的衣服都是修改父亲和哥哥穿过的旧衣服，很少用新布做。为此我不止一次地抗争，说母亲偏心，只给姐姐妹妹做新衣，叫我穿破烂的。现在想来，并不是母亲偏心，还是家里穷，只能小的穿大的穿过的衣服，这样节约。后来母亲给我拆缝了一件细软(绸缎)衣服，我一直穿到迪化上师范学校。

招生探家，从迪化到镇西

时间：2012年9月28日

地点：巴里坤哈萨克自治县古城小区

讲述人：牛炜，县教育系统退休教师，时年91岁

采录整理：田蓉红

1939年春季，《新疆日报》登出财政专修学校的招生广告，凡迪化大中专学校（除军官学校、航空学校外）学生均可报考。我与镇西同乡陈学祖、邓鳌、戴恩、韩继张都报名了。

考试那天，考方给每个考生发几个鸡蛋糕作午餐，所考课程有汉语、数学、反帝常识等。笔试完后，又进行口试，我们感觉答得都很好。几天以后发榜，在《新疆日报》上登出，我们五个人都被录取了。参加考试的有200多人，我的名字列在榜首第二（第一名是伊犁税局的工作人员，原南开大学附中的学生）。毕业后，因为学习成绩优异，我留校工作。

1941年放暑假后，学校决定让我与省一中一位名叫

艾则孜的哈萨克族教务员代表新中师联合招生委员会到东疆招生,我任招生小组组长。我很兴奋,因为可以回家了。

由迪化乘汽车一路招生到哈密,第一站是吐鲁番。

当时的吐鲁番是东疆较富庶地区,故而招生工作结束时,由吐鲁番县一个文化促进会出面,在一家楼馆里举行宴会招待我们,饭菜极为丰盛,气氛也很热烈。然后要到鄯善去,等了几天没有汽车,无奈只得雇乘马拉轿车,行程两天一夜,又饱尝了一次坐轿车赶长路的滋味。

当时鄯善学校的校长是我的同学、挚友陈学祖,教师中有同班同学赵景芳、王光策。在他们的帮助下,这里的招生工作进展也很快。

接下来要去的就是哈密。一路行程较平安,可离哈密不远时,汽车发生故障了,司机修了几个小时也没修好,天已黑了,只得在戈壁滩上待了一夜,次日清晨修好车子才到哈密。

当时哈密教育局局长是魏赞唐,督学是陈序阶。这里的招生工作进展更为称心如意。教育局局长非常重视招生工作,在各方面给了我们大力的支持。

招生的下一站就是镇西了,我回家探亲的愿望即可实现,真是归心似箭呐!但是哈密到镇西的汽车很少,一时走不了。就在我着急时,哈密教育局联系好苏联红军驻哈密八团到镇西拉军草的汽车,真叫人喜出望外。

我们乘汽车半夜起程,次日早饭时即抵达镇西。自从1937年春离开家,四年了我再没有回过家,但思念之情没有一刻不萦绕心头,今天终于回到这个昼思夜想的家中,母亲喜泪夺眶而出,妹妹更是欣喜得手舞足蹈。看着她们喜悦的样子,我则深感内疚,这么长时间才回家探望生我养我的寡母及可怜的妹妹,我强忍着内心的悲楚,强装出非常兴奋欢快的样子。

在一周的短暂相处中,母亲讲了我离开后家中所发生的事情和她与妹妹是怎么生活的,我给母亲汇报了我在迪化学习与工作的情况以及今后的打算,母亲听了很高兴,赞扬我有出息,没辜负她的期望。妹妹那年已17周岁了,她非常关心我的婚姻问题,问我是否在迪化找了对象,我说没有。她说母亲已给我说下一门亲事,是西街刘家的姑娘。

我不相信,就去问母亲,母亲说是真的,曾托人说了几次,她家大人说,婚事可以定下来,行礼、订婚的手续不必办,等你回来行礼结婚一次办。母亲说这几天就正式订下这门婚事,我婉言回答:"现在不着急,我明年放暑假一定回来,到那时再行礼结婚一次办完。"这事就这么搁下了。

当时的镇西县县长为于恒清,对我们的工作很支持,招生工作如期完成。10天的母子团聚生活中,母亲对我的关怀无微不至,变着花样给我做饭吃。记得离家的那天中午吃三种馅的包子,这是母亲按照"上马的包子下马的面"的习俗,为我做的饯行饭,意味着祝我百事如意,一路顺风保平安。

又该出发了,我们西去古城子,骑的是县政府雇用哈萨克族牧民的马,并由一位人称周大爷的人护送。临行前,母亲在哽咽,妹妹则放声大哭起来。我呢,强忍着悲痛,把泪水咽到肚子里,嘴里说着吉利顺听的话,心里则油煎刀割似的难受。母亲和妹妹把我送了一程又一程,我几乎是一步一回头地走出了北城门,踏上西去的艰难旅程。

牛一圈 朱一窝

时间：2013 年 7 月 18 日

地点：巴里坤哈萨克自治县大河镇旧户西村

讲述人：牛铎，大河镇旧户西村村民，时年 79 岁

采录整理：田蓉红

我们牛家是从河南迁移过来的，有个家谱，后来遗失了。以前住的庄子东边是戴家，西边是徐家，庄子上就住着牛家和朱家，人家叫的是"牛一圈，朱一窝"。庄子下面有个庙，以前小的时候，我们还进去抓鸽子。

我们的老人不赌博，不抽烟，却爱唱小曲子，拉二胡，弹三弦。家里雇过两个长工，一个是四大队的赵敬礼，一个是二大队的郑存祥。老人过日子特别节俭，拔草都是精脚（光脚），害怕把地里的庄稼苗踩坏了。

现在给孙子们讲这些事，孙子都笑话呢，想不通还有这么精打细算过日子的人。

我尕（小）的时候，庄子稀得很（村庄和村庄之间距离较远），遇上贼娃子来抢，一个庄子救不上一个庄子（庄子

间无法互相帮助抵御土匪）。人少,草也好,春上种地的时候,戈壁上的酥油草苗子都很高。冬天放羊,出去随便铲开一点雪,露出草,就够羊群吃了。以前的人即使家里死一条狗都会远远拉出去埋了,害怕传染不好的病。以前雪也大,一冬天的雪能漫到铁轱辘车的轴头子上;一下雨,地上就起泡呢（形容雨下得特别大,雨点砸到地上的水潭里泛起的水泡）。

1948年至1949年的时候,土匪闹得特别凶,经常到庄子上（村里）抢东西呢。我们都把土匪叫"贼娃子"（小偷）。有一次,一群贼娃子把李有的大儿子李志福打死了,把潘老八连人带羊一起吆到（赶到）戈壁上,之后向潘老八打了一枪,潘老八装死逃了一命。我们的外父（岳父）有一次上城坐席（参加婚礼）,半路上遇到了贼娃子,把他的衣裳全抢走了,席也没坐上就回来了。我有个哥哥,新中国成立前跟上人去戈壁上刨红柳准备拉回来当柴烧,结果走到照壁山那里遇到一些土匪把我的哥哥害了,那年他才14岁。

那个介（时候）的人活得不安稳,贼娃子一天骑上马满庄子乱窜,到晚上就抢东西。户儿（农户）家的房子都是草筏子垒起来的,子弹嗖嗖的能打进房子里。

我的大姐叫牛俪新,以前给了城里头王家（过继给王家）,后来嫁给一个湖南人了。这个湖南人家有弟兄三个,一个是国民党的军官,一个是共产党的军官,还有一个是共产党的工程师。我大姐嫁的这个人是国民党的军官,最后升到了师长,在济南战场上他带的部队被解放军打败了,就找了个老百姓的衣裳换了逃出来跑回了家,他有一把上黄埔军校时发的军刀也吓得扔到一个枯井里头了。

这个国民党军官跑回来后,在我们老人跟前过了一段时间,后头（后来）我们老人叫我二姐夫安排在奎苏李家沟种地。

我的二姐夫叫杨孝祖,听说他们家是满洲人,起先在满城里头住着,后来全部迁到奇台去了。再后来一些满洲人把以前的姓名改了,比如我姐夫这一门就改姓为杨了。

我的老婆子姓朱,也是这个庄子上的人,以前上过识字班。识字班都是冬学夏忘,冬天学上一个多月的字,到夏天就全忘光了。

老婆子大集体的时候和我一起劳动,她是贫下中农,我们家的成分是地主。她觉得我可怜得很,没有爹没有妈,整天背上老日头(指太阳)干,回去连一顿饭也吃不上,挖上一勺子面做些面疙瘩将就着吃,就跟了我给我做饭吃。

那时候人都穷,一年到头就穿的一件衣裳。有些十几岁的娃都是精尻子(光屁股)穿剪了羊毛以后用羊皮做的皮裤。

我记得我们的娃有一次在路上拾了一个蓝条绒的帽子,回来以后,老婆子对上给做了一双鞋。就这双鞋娃都舍不得穿,结果到哈密干活的时候,一块干活的人觉得那双鞋有样子,谁出去上街都偷偷地穿一下,赶(到)最后我发现,鞋帮子都烂了。

那个时候的女人也可怜,身上来红(例假),没有可以用的东西,找上些毛疙瘩,用烂布缝起来,垫上,用完了,拆洗一下,放在厕所里,等下一次再用。不过,那时候的人都欢乐得很,就是人家说的"穷欢乐,富忧愁",一天肚子都吃不饱,到上工的时候,铁锨往肩拐子(肩膀)上一扛,手里头捏上个洋芋,唱着歌就下地去了。

朱家有个"全头爷",从来不剪头发,也不剪胡子,长毛老道的,吃饭的时候,把胡子朝两边一分,饭渣子有时候就沾在胡子上,把人看得恶心的,我们还把他叫胡子爷。他们朱家的几个爷都不剃头(理发),说是朱元璋的代代,他说他爷爷爱给人讲故事,屋里头坐了一炕的人,还把窗户蒙得严严的。

那个时候朱家是三爷朱全友当家的呢,那个人攒劲(厉害)得很,一大家子三五十号人一个锅里吃饭的呢,都能养活住,不像现在的人,闹的鸡飞狗跳的。

南门唐家

时间：2013年6月3日

地点：巴里坤哈萨克自治县花园乡南园子村

讲述人：唐天锦，花园乡南园子村村民，时年79岁

材料整理：田蓉红

我们唐家七个爷，当初在镇西城南门上修有七个大院，唐天成是二爷的，唐天茂是三爷家的，我叫唐天锦，父亲是老四，叫唐举。大爷没有儿子，就养了三个姑娘。我们二爷有两个姑娘，大姑娘在红山农场，男人姓韩，是山西人，爱吃盐，经常说，"娃，吃盐重，打锤硬"，吃一顿饭就一碟子盐，最后人家说，"吃盐重，到老落下个呵喽子病"。现在的医学家也说吃盐重容易得病。

我们有个妹夫刘嘎子，人长得高，爪子（手）也大，吃肉的时候，锅里的肉刚熟，他站在我们背后，一伸手就开始抓着吃。后头（后来）得了尿毒症，他家女婿是山东十大企业家之一，给了他上百万也没治好，59岁就死了。他养的羊也多，在草湖里打草没有黑白（不分白天黑夜）的，不管下

雨不下雨,干乏(累)了就在草堆里睡下了,把腰子(肾)做哈病了,可惜那个人了。

我们七个爷爷,大房家生了五个儿子,二房家生了两个儿子,大房把三爷给了二房家。旧社会的人都是劳动为生,这样做是为了各家的势力均衡,来上个贼娃子强盗,也有人护家。

爷爷辈里大爷高血压死得早,而最出名的是二爷。新中国成立后有一首歌谣,唱的是"唐家剩饭锅"说的就是他们家。二爷那个人爱劳动,活了八十六七岁,养了三个儿子,老大厉害,老三老道,老二人老实些。他们一家人都爱劳动,挣了些家产。新中国成立后划的成分是地主,最后给改成富农了。我们的二爷戴着(富农的)帽子还被评为自治区劳动模范。共产党讲信用,说这家人都是干出来的,虽然牛羊满圈,但那都是下苦力气干出来的,功是功,过是过嘛。

我们唐家人都长得高,尤其是二爷,力气也好得很。有一年黑沟里发了水,黑沟渠里有两个闸,一个闸是朝花庄子的,一个闸是往城里去的。水大得很,哈密地委的秦专员来一看,说:"这个麻烦了,别把巴里坤城淹了。"可是干着急也没手斗(没办法)。

当时住在这里的大概有40户人家,一家去了一个人防洪,也都站在那里没办法。最后我二爷站出来,叫人找了八根皮绳,一根五米多长,把他拽住下到水里头,一个人凭借大力气,把一个大石头撬过去堵住朝城里走的水,水就朝花庄子村那边走了,把县城保住了。

秦专员看着我二爷问边上的人这是谁,别人说是唐地主。秦专员说:"这么能干,怎么可能是地主?"人家说:"咋不是地主,你不看长得都像个地主。"我二爷长得头秃秃的,人胖胖的,能吃也能干。

二爷给我们说过,他的奶奶喂了两头青牛,牛的奶水多得很,但下的牛娃子不成器,叫胶奶(牛初乳)给胀死了,两头牛的牛初乳就叫我二爷一个人吃完了，小时候力气就特别好。年轻时，没有风都能扬场，全凭胳膊上的劲往外甩的呢，长工干活都比不过他。有人编歌谣说："若要给唐二麻子干活，得打个铜头铁脖。"二爷到70多岁时，100多公斤的粮食口袋两个手一提就提过去了。后来给生产队喂牲口，照看着几十头牛，几十匹马，一天要给他们饮两回水，我二爷站在井边上，一把手（一只手）就能搅上来一大缸水。

别人都知道南门上有个大个子老汉，苦（干）得把啥都挣下了，家里只要是地里用的工具都有，收草的马耙，割麦机他都置办上了。苏联的割麦机整得好，割下的粮食一铺子一铺子的（摆放齐整），割的速度又快。割麦机在前面收割，长工在后面赶着三驾马车都拉不及。马耙也是苏联人做的，齿子做得好得很，湖毛疙瘩窝（不平整的地）里头，只要马攒劲，收草收得特别干净。我二爷性子好，别人还给他起了个外号叫"老黄忠"。

我的二爷活到1957年去世了。那是个攒劲人，干了一辈子活。在我们家最享福的人是我们五爷家最小的大大（叔叔），叫唐舒，一天走起路来沙驰沙驰的（形容走路不利索的样子）。他经常说："啥好吃，羊肉炒葱最好吃。"反正家里羊多，尽着他吃。人都13岁了还抱着吃妈妈的奶，脸蛋子吃得偏偏的。最后人懒死了，福享死了，活了60多岁，一辈子啥活都不干。

现在从城建局东门到幻想湖宾馆那个地段以前都是我们唐家的。我们家有两条狗，是家里的好警卫。这两条狗特别大，一个小伙子骑上都能驮动。东山里的土匪一来，两条狗一个攒子跳到马背上，从后头能把土匪的皮袄扒下来了。1952年的时候，城外面狼多得很，站在梯子上往外看，一群狼排起队在草湖（草原）里头走呢，黑里（晚上）就进庄子来了。狼往墙头上一爬，我家的狗就撺上去把狼赶走了。

满城里有一家子姓石，儿子叫石生玉，是山南头堡的人，从马六甲沟过来,在满城北边给国民党的部队种地。一家人住着一间土房。一天狼哇哇地叫,在房顶上刨土,那边人吓得直吼,我家的狗就开始追狼,最后,几十只狼把狗围攻进一个地道里去,赶(等)我们发现时狼把狗吃得只剩狗皮了。

我老子(父亲)一个字都不认识,可说话唱秦腔老道(厉害,精通)得很。家里雇了两三个长工,聂宾长、牛万安、邵生化都给我们家干过活,一老(经常)说我们的老子好,不亏待人,夏天有夏天的衣服,冬天有冬天的衣服,都是褡裢布做的,年底给几桶子清油,按时给宰羊吃,那都是给长工的报酬。

我的父亲母亲

时间：2015年7月12日
地点：巴里坤哈萨克自治县三塘湖镇岔哈泉
讲述人：魏学世，三塘湖镇岔哈泉村民，时年72岁
采录整理：田蓉红

我的老家在安徽。1958年的时候，母亲带着我和弟弟来到了新疆三塘湖。为什么要从那么远的地方跑到这里来呢，说起来都是些让人心酸的往事，几十年的事了，如果你们不来，我也以为自己早已经把它忘记了。

我的父亲以前在国民党的部队里任职，具体是什么职位，我不太清楚。但据村里的老人讲，起码是连级以上的军官。那时候，他身上经常背着三把枪，左挎一把，右挎一把，口袋里还随身装一把手枪。父亲后来也来到了新疆，来到了三塘湖的岔哈泉。到岔哈泉时，他已经70多岁了，有些往事，他不大跟我们提起，但是他喜欢跟村里的老人讲，姚成仁、秦守礼他们都是父亲的朋友。父亲去世后，有时候他们也会提起那些故事。

解放徐州的时候，国民党向台湾那边撤退了一批军官，还有一批准备过去，我父亲在第二批，但当时他有侥幸心理，觉得徐州不会那么快就被解放了，还有就是当时我们都小，我只有三四岁，弟弟不到两岁。

　　让他没有想到的是，他所在的国民党失败了，父亲被解放军俘虏了，从此他和家里就失去了音信，家里只剩下母亲带着我们兄弟两个。

　　在安徽过了几年，到大集体的时候，村里建了大食堂，全村人在一起吃饭。有人说我们是反革命家庭，不给吃粮食，一家人的日子过不下去了，母亲只好和父亲办了离婚。后来，口里（内地）那边缺吃少粮，日子过不下去了，母亲就和几户人家一起向河南那边逃难。

　　在河南，妈妈认识了一户人家。她的男人也不在了，也是一个人带着两个孩子过日子，母亲和她同病相怜，彼此也谈得来，就相互认了干姐妹，落脚在她们家。父亲在的时候，家里还是有一点值钱的东西，但这一路逃下来，那些东西都被换了吃喝。我印象中，自己一直戴的一把小银锁，也被母亲送给了干姐妹家的孩子。为了生活，也是没办法了。

　　在河南过了不到两年吧，母亲遇到了后父。后父姓魏，叫魏文礼，他也在国民党部队里干过，老家在河南，出来很多年没有回去了。他们家也是弟兄两个，在战乱中，他去了三塘湖，另一个去了台湾，从此失去了联系。

　　那时候的三塘湖，人口稀少，女的更少，后父在三塘湖一直找不到对象，他想回老家去领一个。但在河南老家，他至亲的人已经没有了，回去后，买了许多的纸钱就去自己家的墓园祭拜先祖，那边的亲戚一看，坟园里怎么那么大的烟火，跑去后，才知道是新疆回来的亲人，抱头痛哭后，把他领回了家里。

　　他去的那家亲戚正好就是我母亲认的那个干姐妹，一来二去，他们便熟悉了。那时候河南也遭了灾，日子不好过，后父提出带我们来新疆过日子,说到新疆怎么也能吃饱肚子,母亲就答应了。

印象中,我们从河南出来,走了好多天的路,先坐火车到兰州,又到尾亚,然后坐班车到哈密,坐大篷车到巴里坤,最后坐的一辆牛车到了三塘湖。那时候,我已经10岁了,也记得事了,就觉得一路上越走越荒凉。

我们在三塘湖住了两年,岔哈泉这边新开垦了一些土地,三塘湖的人就在春天过来种地,到秋天收完了庄稼再回去,队上说这样跑来跑去也不是办法,就准备在岔哈泉也成立一个生产队,迁些人过来常住。

那时候,白宝华是三塘湖的书记,找了几户人家,跟大家商量说:"我做主,在岔哈泉给你些自留地,你们过去常住。你们要是觉得不适应,三年一轮换,再调人把你们换回来。"这样,我们过来了几户人家。后来白书记调走了,这个事情也没人再提了,我们就在这里常住了下来。白书记调走后,成立了四组,岔哈泉成了牧业队,哈萨克族全迁到岔哈泉了,牛宝坤成了牧业队的书记,1964年岔哈泉成立了生产队。当然这是后来的事情了。

到了岔哈泉,我们在这里就算安顿下来了,我和弟弟也相继长大娶妻生子,成家立业,各自过着各自的生活。

再说父亲的事。父亲被管制以后,据说都准备枪毙了,被押上法场后,又被救了下来。这其中的因缘也跟父亲之前的一些事情有关。战争时期,父亲虽然在国民党部队任职,但他跟一个共产党的团长关系很好,打日本的时候,共产党手里枪炮短缺,一个晚上,他让共产党的那个团长派了两辆车来,给他们支援了两卡车的枪炮子弹。

就是平时,他们之间也有默契,两个队伍行走的路线提前都商量好,尽量岔开,如果碰上也互不干涉,互不交战。那位团长以后升成了司令,听到父亲的事后到刑场上把他救了下来,并发话说,"这个人,你们给判多少年,我不干涉,但是绝对不能枪毙,他给共产党做出过一定的贡献。"

有了这层关系,以后劳改期间,看押人员对他也很关照,经常派他出去采购东西,顺便也可以转一转。他也守信,出去事情办完了,到约定的时间就会准时回去,不给看押人员找麻烦,不让他们操心。

后来过了一段时间,他们这样的人就都给放了出来,父亲出狱后,国家在政治上给予了平反,经济上也给了些补偿,每月有一些固定的收入。但父亲找不到我们了。父亲在东北有一个侄子,就把他接了过去,在那里生活,户口也落在了东北的黑龙江。

父亲的这个侄子过去是被国民党抓去当兵的,后来犯了事,国民党部队准备枪毙呢,是父亲给救了下来,打发去了东北。侄子结婚的时候,他还给送去了一马车的彩礼。侄子一直很感激他,听说他被释放了,就把他接到了东北。

父亲被释放后,落实了政策,对他的亲属也给予了照顾。他侄子那边,最小的官职都是公社一级的,那边的孙子孙女对待他也好,父亲自己每个月还有260元的补助。说起来,生活应该是无忧了。但是,他总惦记着自己的妻子和两个儿子,一直想着找到我们。

母亲带我们逃荒到河南的时候,一起从安徽老家出来的有三户人家,后来,有一家人回了安徽,一家人留在了河南,母亲和我们来到了新疆。父亲先回到安徽,找到了那户回去的人家,根据他们提供的线索,又找到了河南,找到了母亲结识的那位干姐妹,通过她,知道母亲来了新疆,又找到了详细地址,跟我们通了信。

知道了父亲的消息,我筹了些路费,去黑龙江看他。父亲听说母亲和我们都在新疆,就跟着我一起到了新疆。来的时候,侄儿给了他八九千元,那时候的八九千元还是很值钱的。父亲到新疆后,想着自己已经一把岁数了,也不打算回去了,那边的啥都扔了,待遇什么的到新疆后也都等于放弃了。

父亲来到岔哈泉的时候，后父还活着，两个人见了面都不知道该说些什么。后父以前在营房做过饭当过管理员，父亲到来后，他亲自动手做了一桌饭，和父亲喝酒，到最后都喝醉了，两个老人彼此抱头痛哭。

父亲来了以后，我们也很为难，一个是给了我们生命的生父，虽然很小就离开，再见都是几十年以后了，但毕竟血缘里的亲情是隔不断的。另一个是把我们拉扯大的后父，其实说起来，我到这边来，就已经14岁了，差不多的活都能干了，小小年纪就跟着后父赶着牛车去拉柴。为这个，我母亲也对后父有些怨气，但毕竟，他把我们从缺吃少穿的内地带到了新疆，我们还是该感激他。

至于母亲，她可能心里更难过。尽管母亲跟生父定的是娃娃亲，但两个人的感情不错。父亲当连长风光的时候，按照一般人的想法，三妻四妾都可以有，但他心里只有母亲一个人，这从他这么大岁数还费尽周折地跑来新疆找我们就能看出来。三塘湖算是巴里坤最远的地方了，岔哈泉又是三塘湖最远的地方，他绕了大半个中国找到这里来，即使知道母亲已经改嫁了，心里还是放不下。

母亲年轻的时候算是漂亮的，就是到岔哈泉来以后，这里的人都说她好看。她这辈子，因为这个军官太太的身份，福也享了，罪也受了。她一个裹着小脚的女人，拉着我们弟兄两个逃难到河南就不容易，在那里，她靠给人家纺织东西过生活。后来又到这气候不太适应的新疆来，岔哈泉这边的风一年四季不停地刮，在这样的环境里，她的心劲也被吹干了。

她改嫁给后父后，又生了两个女儿，晚年的时候，和后父在性格上已经不大能合得来了，差不多属于分开过的。她跟着我的弟弟一家过，后父跟着两个女儿过。我们生父来了以后，生父就跟着我过。

到冬天一下雪，人们都闲下来了，有些老人就去找父亲唠他过去的一些事。父亲和后父也聊过，有时候，他也去找母亲，讲些以前的家长里短。后父去世早一些,村里的一些老人知道了我父母亲的故事,都撮合他们继续在一起生活。唉,怎么说呢,一个是他们岁数都大了,感情的事可能也都淡了。另外一个就是我们也顾虑到,两个人一起生活,靠一家养活,负担有些重。岔哈泉以前没有种瓜果,每户人家就种些粮食,一年也就一两千的收入,两个老人,我们兄弟一人照顾一个还照顾得来,两人要放在一家养活,有些吃重(负担重)。

反正这个事,最后也就这样了,各人过各人的。几年前,父亲去世了,母亲活了94岁,今年(2015年)春天去世的。

我们想,她和后父即使是半路夫妻也罢,后半辈子都在一块呢,就是去世也应该在一块,就把他们葬在了一起,父亲一个人葬在了别处。

巧匠董笆篓

时间:2013年3月18日

地点:巴里坤哈萨克自治县花城小区

讲述人:张喜贵,县城居民,时年82岁

采录整理:田蓉红

"董笆篓"是笼匠董发明以工艺品做得好而得的诨名。他的原籍是甘肃河州董家坝,家里世代以编篾之类物器而闻名。

董发明在晚清时节带着简单的行囊出关,历经艰苦跋涉到巴里坤落户,先在农村当雇工,后来得知三塘湖、二道河子、柳条河等地盛产柳条,是编织器物的良好材料,便萌发了搞编织的想法。

柳条具有较强的韧性,又柔软,可以掺用细麻缠交锁织成盛物器具,美观轻便。董发明编的笆篓尤为受欢迎。他从选料、整治、加工到编织,从不省工减料。

第一批拿到市场上销售的笆篓式样繁多,做工精巧,每一件笆篓既是器具又是精美的艺术品,赏心悦目,拿出来不长时间就被争购一空。从那以后,找他购买和定做的人越来越多。只要订货的人能绘出图样或说个大概,董发明都能编织出来,让顾客称心如意。久而久之,董发明的名字便被"董笆篓"取代了。

董发明编织的笆篓等器物种类多、用途广、经久耐用、携带轻便,不容易损坏,不管农民、工匠或市镇居民都喜欢购买。他的笆篓除了在本县销售,有些跑骆驼的人还会带到外地销售。

董发明为人实在,又勤快聪敏,编织的笆篓时有翻新,始终给人以新颖的感觉,至今不少七八十岁的老人看见大家用塑料袋装东西,有时还会提到他,说董笆篓的编织物好用耐用。巴里坤流传着这样一句口头语:"把你能的,你置下啥笆篓了。"可见董发明的笆篓在巴里坤的影响。

董发明后来因为上了岁数,跌伤病逝。

渠　长

时间：2013年3月19日

地点：巴里坤哈萨克自治县花园乡南园子村

讲述人：赵文瑞，花园乡南园子村村民，时年76岁

采录整理：田蓉红

我叫赵文瑞，我们的太爷、爷爷是从西安来的，我们的父亲是在这里出生的。以前在南园子八队居住，就在城墙拐子（拐角）附近，新中国成立时我差不多13岁了。记得父亲一直在南园子跑水跟水，当渠长（负责安排放水的人）当了几十年。

父亲叫赵有。父亲刚跟水（负责安排放水）的时候，我五六岁，也不太记事。父亲跟（负责）的就是黑沟渠，他跟着（管理）渠水，看着一家浇完再安排下一家浇。那个时候没有水表，60家户，挨着顺序浇，把地浇完算事。

渠长的收入由各家摊钱，我的父亲脾气也铮（正义）得很，爱打抱不平，当渠长当得公平，越有钱的还越不尿视（理睬）。他当渠长的时候，谁家都不能胡乱扳开水渠上的闸口放水。那个时候刘宗礼是乡长，王正芝是保长。有一

天刘宗礼的大大(父亲)刘岩骑个骡子到地上去,本来挨不上他家浇水,他跑上扳水渠上的闸口去了。

刘宗礼的大大扳闸口时,我父亲正在大墩(地名)跟前犁地,看见后过去朝他尻子(屁股)就踢了一脚,用马棒打了几马棒,骂他:"你咋是个偷水贼!"

刘宗礼的大大说:"我看见水闲淌的呢,想的是扳开往地里淌起。"

"不该你家浇就不要动!"我父亲这么一说,他就骑上骡子走了。

我家的地就在大墩跟前,老先人(对已经去世的亲人的称呼)挖的地窝子在地跟前,我们就住在那儿,打场的场院也在跟前,晚上没有收拾干净的粮食堆起来放在场院,土匪就去偷,我们老先人拾一堆石头打土匪,土匪也扔石头砸我们的先人,到早上起来一看满场院都是石头。

那时候还有个马家,势力也大得很。有一次,没挨上他们浇水,他们把水口扳过去了。我父亲知道了就去找他们。他们家养的狗多,我父亲推了个铁车堵到门上,大声叫骂,一家子人吓得不敢出来。

赵文海是我父亲三妈的儿子,和我父亲就是兄弟。赵文海家生活条件好,雇了两个长工。长工在一起经常喧的说,我父亲认真得很。赵文海指使长工偷水,长工正在地里划水(根据地势引导水,以便让水能浇遍所有地面),我父亲到地头上把鞋一脱,裤子一扁(挽),跑进去作势就打,长工们都吓得跑出来了,我父亲也追出来,地边上刺多得很,他精脚片子(光脚)都不怕扎。

就他这个脾气,队上的人还都爱得很。以后,全大队种上豆子,城里人出来摘豆角,我们的老爷子就挡豆地(看豆地,阻止别人偷摘豆角)。六七十岁的人了站在大墩上远远地看着,过来过去偷摘豆角子的人,听见他一吼就展到了(快速逃跑)。

我们的父亲有粗有细,他脾气那么大,对别人都很凶,但是对我妈妈一指头都没动过。

姚 三 爷 子

时间:2013年7月19日
地点:巴里坤哈萨克自治县三塘湖镇上湖村
讲述人:姚恒俊,三塘湖镇上湖村村民,时年82岁
采录整理:田蓉红

我的大大(父亲)叫姚福合,在他的兄弟中排行老三,人家都叫他姚三爷子。他们弟兄四个,在我四大(四叔)8岁的时候,我爷爷就没有了,奶奶还在。我大大17岁就开始当家。我爷爷在世的时候,种粮食、养骆驼都打理得井井有条,生活过得也挺好。爷爷去世后为啥没让老大当家,而让排行老三的我的大大当家,我们也就不知道了。

我们大爸(大伯)那个人想法多得很,没事了就坐到外面端详(观察)去了。我们住的西房,盖房子时候往上挪了些,他就说我们住的房子地势高了,三房的人把大房压住了。最后相端(琢磨)的把他们家的房子上面又修了个房子,叫楼背后,说现在高低一致了,三房压不住我们了,我大大也不当意(不在乎)。

‖ 这里是新疆

我们的大爸人个子不高，一辈子说（娶）了五个老婆，县城有一个，三塘湖有一个，大河乡有一个，还说了一个蒙古族媳妇在外蒙占管牲口的呢，她生了两个儿子，老大叫姚恒清，老二叫姚恒茂。姚恒清开始有个蒙古名字叫赤伦扣，后来从外蒙古领回来，人厉害得很。

这边的大婶大娘都说赤伦扣身上气味难闻，姚恒清气得埋怨说："我大大早早不把我领回来，叫我妈把我叫成了赤伦扣，名字也不改，人家还说我是二混子。"他力气特别大，遇上浇水，别人要在渠上挖水（偷水），他过去也不多说话，一伸手掐住别人的脖子就给摔过去了。

我们二大（二叔）在大河。大河有些土地，给我们家分了60亩，我大大就叫我们二大在那边照看，种粮食、种饲料、喂养骆驼，慢慢地，那片地边就叫成姚家庄子了。

我尕爸（小叔）才8岁，就跟着我大大一起生活。我大大把他抓（抚）养大，最后给娶了媳妇分了家，他说弟兄几个过日子分开，种地永远不分，永远合作。我们的尕爸后来加入了一个什么组织，1950年的时候，开了一次会，才知道这个组织是剥削人民的。得了这个消息回来，他思想上受不住，在炕上躺了半个月就去世了。

新中国成立前，三塘湖的人有的在湖里（当地人对三塘湖的习惯性叫法）种些瓜换粮食。外头的人过来拉瓜，瓜便宜得很，一斗粮食换几个瓜。他们用粮食换瓜，外面的人都说"瓜长肉长，杂头（瘪粮食，不好的粮食）落场"，卖瓜的人叫"瓜长"，卖肉的人叫"肉长"，意思就是卖瓜卖肉的只能换些杂头那样的差粮食。

有一年收成不好，我二姑爹家没吃的了，有一天我大大就站到外面喊："他二姑爹，他二姑妈，你们出来一下。"二姑爹和二姑妈出来后，我大大问："你们吃了没有？"二姑爹不好意思地说："我们将（刚）吃过。""别的人家烟囱里都冒烟呢，就你们家没冒，你给我说白话（瞎话），走，我们家还有些粮食，你拿上些先将就的吃。"我二姑妈一直都记得这个事情呢。

我大大为人仗义得很。那时候为了躲土匪，很多人都把粮食埋了跑到城里去了，有些没有收拾完庄稼的人朝北跑到木炭窑子(地名)了。

我大大和一个叫胡尔马的人关系好得很，但胡尔马是个土匪。马仲英的部队进了镇西城后，到处抓人去当兵。马仲英的手下抓人的时候，我大大就给村里的人说他认识胡尔马，可以把娃娃们先送到胡尔马那里躲一下，等马仲英走了再送回来。

别人都说："姚三爷子胡说呢，马仲英抓上去，打完仗打不死还有个活头，要跟那些土匪去了可就没命了。"我大大听了后说："那就没办法了，一堵墙遮不了四下里的风，愿意跟上我走的就走，但不能说我害了你们的娃娃。"

最后一些人跟我大大去了，没有跟我大大去的几个人家的孩子就被马仲英的人抓走了，还有几个钻到草垛里活下来了。马仲英的人走了以后，我大大在胡尔马跟前把那些年轻人又叫回来了，大家说姚三爷子是个官三爷子(像当官的人一样为大家着想)。

后来，土匪都集中去前山牧场了，大河几个被土匪抓过去的姑娘也都被带到了那个地方。我大大接人的时候，看见了，就和胡尔马商量说："大河的姑娘我认识的你给我。"胡尔马说："你巴郎子(男孩子)多得很，你要去也养活不住，还是不要拿(带走)了。""虽然养活不住，但这些都是我们亲戚的姑娘，我既然看见了，就不能不管。"

交涉到最后，胡尔马答应放人，我大大用车拉回来了七八个姑娘，包括姚包才的姐姐(后来跟了奎苏李姓人家)、马家的姑娘，还有几个二大队的，带回来后叫他们的爸爸妈妈接走了。

当时抢上去的还有大河沿叫哈勒马克的姑娘，胡尔马说："别的姑娘你拿上送回去了，哈勒马克你拿上没人要咋办？就不要拿了。"他一想没处送去也就没拿。

哈勒马克是河沿上给李家放羊的。哈勒马克的妈妈听说我大大把别家的姑娘都救了,跑来找他说:"别家的姑娘你都拿回来了,我的姑娘你咋不拿?"我大大说:"不知道你在河沿上住的呢,要知道就给你拿过来了。"

哈勒马克的妈妈跪下哭着求他再去给说说,把她的姑娘要回来,我大大去了,结果土匪已经跑了,最后也没拿回来。我大大为这个事遗憾了大半辈子。他给我们说,不论怎么样,好事多做,赖事(坏事)少做。我们都一直把这个当做家训。

白胡子爷

时间:2014年6月8日

地点:巴里坤哈萨克自治县花园乡兰州湾子

讲述人:倪泽华,花园乡兰州湾子村民,时年83岁

采录整理:田蓉红

我的爹爹叫倪学思,从我有记性(记忆)开始,他就留着一把长胡子。老先人为人仗义,在村里威信高,再加上一把胡子,村里的人不管老老少少都喜欢叫他白胡子爷,渐渐地就成了官名(大家公认的名字),他的大名倒是知道的人不多。我爹爹活到92岁去世的,城里的很多人都说可惜了,白胡子爷应该能活100多岁。

我们小的时候,兰州湾子人口不多,就三个大姓,分别住在三个宅院里。按照家族的姓氏叫倪家庄子、邵家庄子,还有一个高家庄子。

那时候,世道乱得很,动不动就有土匪从山里出来抢东西、烧房子,三个庄子都各自有一杆枪,既能打野物,也能防身。我们庄子的那杆枪就在我老子(爹爹)的手里,他

喜欢打枪,枪法也好得很,没事就常背着枪到山里面转去了,三天两头就能打一头野猪。[注]

我能记事的时候,山里野猪特别多,经常出来到村子里糟蹋庄稼。那个家伙警醒(机灵)得很,每次进了豆子地、洋芋地,先悄悄听一阵子,觉得附近没有危险了,才开始吃庄稼。我老子就藏在豆子地里或者趴在洋芋沟里,大气也不敢出,一看野猪放松警惕了,瞄准了就是一枪。

每次我老子打上野猪了,村里就像过年一样热闹,他只负责打,然后村里人套上毛驴车去把野猪拉回来,吊在我们家门前的门档上。村里的人都来,烧水的烧水,烫毛的烫毛,听唐马斯(形容很麻利)地就把一个野猪拾掇(宰)好了,每家给分上一点,剩下的大家就一块做好吃掉了。

我10岁的时候,跟上爹爹去打了一次野猪,还差点被野猪抓伤了。那一次,是我老子枪打偏了,野猪带着伤跑了。我和村里的倪泽瑞两个人一人拿着叉一人提着棒就去追,从小黑沟一直追到直沟(地名)里,追了有一公里多,才把野猪追上。我们跑得快,我爹爹走得慢,我们追上野猪的时候他还没过来,倪泽瑞提着叉子就过去叉野猪,结果野猪皮太厚,叉偏了,野猪一头就把倪泽瑞撞倒在地上,我赶紧拿着棒上去打,被野猪一嘴头子给顶(摔)到一棵树下。

我看见野猪朝我冲过来,也不知道哪里来的那么大的力气,翻起身就爬到了树上,大声喊我爹爹。爹爹赶过来,野猪奸得很,掉头藏在树影子里,我在树上使劲摇树,给爹爹提醒,他又补了一枪打在野猪头上,才把野猪打死。我溜下树,跑回去喊了些人把野猪拉回了村里,全村人又吃了一顿。

[注]:此故事发生在20世纪60年代。依据《中华人民共和国野生动物保护法》第二十一条第一款"禁止猎捕、杀害国家重点保护野生动物",野猪为国家保护野生动物,禁止猎捕、杀害。

我爹爹除了打野猪,还会扳蘑菇(采蘑菇,当地人喜欢说扳)。他经常在山里转,知道哪里的蘑菇多。没事的时候他就骑着一头黑驴,驴背上搭上两个驮筐进山了,早上去,中午回来,两个驮筐装得满满的。

以前的人好好不扳(采)蘑菇,汉族人也扳得少,有时候我跟着爹爹进到弯沟,遇到一个圈子(一片),就能扳一大筐。

从我们庄子上去往西走,有个山坡叫泪花山。老人讲过,以前有个猎人去打猎,碰到了一大一小两头鹿,猎人穷追不舍,眼看要追上小鹿了,猎人举枪瞄准的时候,母鹿回过头,替小鹿挡住了那一枪。临死之前,母鹿还拼尽全力,一蹄子把山蹬了个豁牙(豁口),垒(落)下来的山石把猎人和母鹿都埋在了里面,小鹿眼泪哗哗地叫了半天,才转身离开。你现在看那个山还是垒了一块的样子,所以就叫了个泪花山。

泪花山的蘑菇也多。我跟着父亲到泪花山、昌家沟、林家台子这些地方都去过。他会看呢,看见草地上一圈子颜色深黑的地方,就指给我们扳去了。有时候,人不挪窝,只管扳,就能扳一筐。反正每次不空手,前面扳上自己吃,自己吃不了了,就晾干卖给城里的医药公司,一公斤一两块钱。就现在天一下雨,我还带着我的孙子去老先人以前常去的地方扳蘑菇,哪次也没有落空过。

我老子不仅在村里有威信,他和哈萨克族人的关系也特别好。山弯弯里,哪个房子他都去过,谁家的奶茶也都喝过。他喜欢喝奶茶,一次能喝一壶。哈萨克族一直过放牧生活,都不会种地,有时候他们下山,来到我们家拿上些粮食,直接炒熟,捣碎就用奶子熬上吃去了。

我们小的时候,隔三岔五有哈萨克族牧人到我们家来。他们没有吃的了,就会到兰州湾子来找白胡子老汉(我爹)。我们家的粮食那时候也紧张,可是不管谁来要,我老子多少都会给上些,我们吃啥就给他们啥,我们吃白面就给白面,吃叠麸面(相对于白面而言,磨了很多次的面,出面多,但较粗糙)就给叠麸面。

我老子(父亲)对他们好,他们也对我老子好,遇到山里的土匪出来抢东西,就早早有人给我老子通风报信:"今个黑里(夜晚)你们不要睡觉,要警醒一些。"我老子就明白了,给村里人说,做好准备,防土匪。一般都准得很,有人报信的那天,村里就会来土匪。

土匪多了,我老子就提醒大家藏起来。村子南边有个母狗渠,弯弯绕绕的,可以藏不少人。村子北面还有一圈子刺玫瑰,那一圈子刺玫瑰长得好,从外面看,是一大蓬,但是人钻进去后,里面是空的,藏我们一个村的人都没有问题,一有风吹草动,我们就都藏到那里面去了。

有一次,土匪围了城,我们藏着一直没敢出去。几天后,我老子让我和高三爷子,还有我的一个大爸爸去村里偷偷看情况,主要是看土匪烧房子了没有。我们回到庄子上一看,人跑了,鸡还在呢,村里的磨坊后面,大树底下,都有鸡下的成堆的鸡蛋,我们全收拾回去,大家一起分着吃了。

我有个六大(六叔),做了大河一户人家的倒插门女婿。有一年,和他们村的一个人到兰州湾子南边的沟里砍做斧头把子用的木材去了,但进去以后就没有了音信。我们村的人全发动起来去找,那时候乡上都有自卫队,自卫队的人也去了,一直没有找到踪影,人都说叫土匪给害了。以后我们去那个山湾里扳蘑菇,还巴心(专门)看有没有尸首,也没有找到。

土匪少的时候,我老子也会想办法治一下他们的。他有枪,枪法也好,躲在暗处,打几个土匪还是可以的。

我们庄子南面以前有个土地庙,供养着土地爷,后来土地庙被推(拆)了,那个地方就被当成菜园子种菜了。土地庙的边上有个院子,院子的主人我们叫旯儿爷(音译),那个院子深,可以藏人。

有一次,我老子带人趴在房顶上准备伏击土匪。走在前面的一个土匪偷偷溜进后院准备偷旯儿爷的牛,看见院子里有人就一直藏在马槽下,想等到我老子他们撤了再出来，没想到我老子他们明撤暗不撤，他一出来，就被逮住了。新中国成立后，有一次他给我老子喧起（说起）这个事，说："你们全都在房上呢，我不敢动，定定（一直）在槽里趴着呢，憋得难受，好不容易看到你们走了，没想到却是一计。"以后他还和我老子成了好朋友。

　　我妈妈是南园子唐家大院里的姑娘。我们不知道名字，户口本上就写了"倪唐氏"三个字。她和我父亲感情好得很，村里人都说，年轻的时候，他们走路一老（经常）在一起手挽手走，看起来亲热得很。我妈妈身子弱，去世好多年了，我父亲就一个人过到去世。

我嫁了个湖南人

时间:2013年3月20日

地点:巴里坤哈萨克自治县奎苏镇奎苏台

讲述人:牛俪新,奎苏镇奎苏台村民,时年91岁

采录整理:田蓉红

　　我叫牛俪新,1922年出生的,今年91岁了。我是大河三大队牛万和的大姑娘,24岁那年(1946年),国民党五三三团(国民党中央陆军步兵第四十五师五三三团)在镇西城驻扎,他们的团长陈志英不知道在哪里见过我一面,找当地李农官当介绍人,想娶我。

　　当时,我还在大河旧户学校念书,念的就是《三字经》《中庸》《百家姓》《孟子》一些老书。教我们的先生是口里(内地)秦州来的,经常把"对"叫作"带"。那个时候讲究对对子,上课的时候他总说"我带你不里带",意思就是"我对的时候你们不要对",我们那时候也不懂,就跟着他念"我带你不里带",他一生气就会骂人,但我们不知,也就跟着他念骂人的话。

陈团长是湖南人,个子长得小,怕我看不上他,让手下一个姓王的科长代替他到我们家来。王科长人高高大大的,见了后,我们一家都感觉满意,就定下了(据牛俪新的哥哥牛铎讲述,妹妹以前定了户姓王的人,又退了)。

当时的人讲究换手(交换定亲信物),就是男女双方看中了互相交换一个东西,这样事情就算定下来了。结果到结婚那天,才发现结婚的是另外一个尕个子(小个子)人,后悔也来不及了。

陈团长是黄埔军校三期的学生,他比我大12岁。我们1946年结的婚,那年他36岁,我24岁。后头(后来)才知道,他在老家已经说了婆姨,叫肖淑梅。他带团出来以后,他婆姨得不着消息,着急上火,得了鸭子喽病(咽喉病),说不出话,连急带气,后来听说死了。

五三三团从镇西离开的时候是1949年。当时蒋介石下令说黄埔军校的学生都要上战场,军官学校的学生叫带兵起(去)呢,我先跟着他到南京招兵,然后坐飞机到了东北,东三省我都去过。

那时就快到解放的时候了,我跟着他根本没有享过福,经常被解放军的部队打得鸡狗飞上墙的,高粱地里都钻过,我的小腿上还挨了子弹负了伤。我记得他们在梦燕山那个地方打得最厉害,部队快打没了,他一看情形不对,换了件士兵的衣服从战场上逃了出来(据牛铎讲述,这个时候的陈志英已经是师长了)。

到1958年,听说国民党军官营长以上的都要枪毙,他害怕,就和我一起跑到新疆来了。我们刚来住在大河乡我父亲家,他个子小,又没吃过苦,干活没力气,连一桶水都挑不动,吃喝都是我父亲照看的呢。他害怕以前的事被别人知道,把一把黄埔军校发的军刀扔到一个枯井里了。

土改的时候,我的妹夫杨孝祖在奎苏李家沟,就把我们介绍到李家沟。陈志英干不了农活,就放马。到1959年的时候,他得了结核病死了。

我和陈志英生过一个儿子，是1952年生下的，叫陈宁，因为他老子陈志英是湖南宁乡人，就把这个娃起了个名字叫做宁。

后来我就和同住在一个大院子里的高老大结了婚。我比高老大大13岁，结婚的时候，他才26岁，家里穷得很，26岁了，也没有说上个媳妇。他对我疼畅（宠爱）得很，这么多年，没有动过我一指头。我给他养了两个儿子，一个姑娘。

我这个人性格好，乐观，以前谁家遇上事情，都去帮忙，还喜欢跳舞，现在跳不动了。

我的胆子也大，我们的大儿媳妇生娃的时候生不下来，我拿了把剪子给剪开，娃生下来又给缝好了。有时候还给羊娃子做手术，生不下羊娃子，我也用剪子剪开，再缝好。有些羊娃子抽了风（羊角风），我会拿剪子把眼角挑开，缝住后羊娃子就好了。

早些年，奎苏台这个地方凡是接生的事都是我干的。这个村子两三百人，我接生下的娃娃有八九十个。算起来，以前我接生的娃也都50多岁了。

我跟高老大结婚后，他46岁做了胃切除，以后又是胆结石，膀胱结石，做了三次手术。三次手术后，人也就没力气了，我们的日子一直过得都不太好。日子过得不好，亲戚都不走动，"穷住大街没人问，富住深山有远亲""槽上拴着高头马，不是故来强问亲""手里拿的讨饭棍，三亲六故不登我的门"。这个道理我也懂。

种地那些事儿

时间:2016年6月18日
地点:巴里坤哈萨克自治县大河镇干渠村
讲述人:任吉新,大河镇干渠村村民,时年80岁
采录整理:田蓉红

我的父亲任绪在国民党的时候当过保长,家里雇了个长工种地。这个长工自己没有地,也没有牛和种子,只能靠给有地的人家干活维持一家人的生活。

当时干渠这个地方人烟稀少,量地都是用弓打亩数(当时的一种计量方式),所以地亩数字也没有现在这么精确。量地多一半还是由人控制,如果量地的人和你的关系好,那量出30亩地也能说成20亩地;如果关系不好,那么量出20亩地也能说成30亩地。我们家那时候在头渠、二渠一共有三份子地。当时的那三份子地相当于现在的100多亩。

大河这里以前是产粮区,地是好地,就是燕麦太大(太多)了,没有啥打草的农药,粮食(小麦)种下去,燕麦出

得比粮食还稠。我们一般都是4月份把地犁上一遍,到6月份燕麦出来了,再犁一遍,把燕麦犁掉再撒粮食种子。

以前犁地都是二牛抬杠,一对牛,一个人,从早上到后晌干上一天最多也只能犁三亩地,100多亩地,就得犁上一个月。所以,以前总是天都开始下雪了,地里的活还没有干完,粮食还堆在场上。因为犁地、割粮食(收割麦子)、拉捆子(把带秆的麦子打成捆)、打场,干啥都是靠人力、畜力,不像现在,人在地头上站着,机器就把粮食连割带收地收拾完了,一天干出来的活比以前一个月干出来的活还多。

以前看一家人的生活好不好,除了看他们的地多少,还要看养的牛多少。牛都是论对,因为犁地都是"二牛抬杠",一头牛也干不成活。

我们家养了两对牛,也就是四头牛,父亲和长工一起干地里的活。长工在我们家一起吃饭,一年给他两石或者三石粮食作为工钱,再给上两斗带种。带种的意思就是他种地的种子和地都是我们的,秋收后的粮食不管多少都是他的。

从我记事起,我们家这样的日子过了有三年。说起来,那时候家里的生活也还行,有地、有长工,不用吃青稞、吃大麦。

但是,就像我们这样种了100多亩地的人家,每年的七八月份也会青黄不接,还是要到城里的字号(商户)家去借粮食,因为地虽然多,但是燕麦太多,影响粮食的产量,到秋天打完场,粮食堆上全都是一个红茬,那就是燕麦。

我们常去借粮食的字号是西街上的富达西,每次借粮食都有加七到八的息,就是借一斗粮食,给他们还的时候就得还一斗七升(斗和升都是旧时的粮食单位)或者一斗八升。这还不是一年的时间,六七月借上,到场活打完,也就三四个月的时间,就得按照这个利息给还。

那时候有句话叫"住了磴子,卖了笼子",意思就是场活刚完,打场的碾子刚停下，收的东西就差不多还完了。这样的生活，能吃饱肚子就算不错了，所以我们兄弟姐妹七人中，就老三在大河一大队办的农中（学校）上了几天学，其他的都没有上过学。

1967年，我不再因为成分的问题受困扰了，还被选成了生产队的副队长。那时候队上的机构很健全，有队长、副队长、妇女队长（主任）、会计、出纳，一般都是五个人。

像我们这样曾经成分不好的人被选成副队长，我觉得是大家对我的信任，我得好好干，干出个事情（成绩）来，才能对得起大家的信任。我每天早早到地里去，干的活还要比别人多，时时处处都要起带头作用。我们三队那一年分成了两个队，三队和四队，人和地都是一样的多，四队打了6万斤粮食，我们三队打了12万斤粮食，整整比他们多了一倍。"口粮、籽种、牛料"三留都够了，他们还得吃回收苞谷，队上的人都觉得我干得不错，其实只要人心齐，还是能干出些事情来的。

大集体的时候，人和人之间都是你看他，他看你，干活都不肯多出力气。别的不说，男人们夏天出去搞副业，剩下的妇女由妇女队长带着到地里拔燕麦，一个队的妇女一夏天连60亩地都拔不完。一到地里，有偷空纳鞋底的，有喧荒的，有躺在渠坝上睡觉的，有提上筐筐子出去给猪挖苣苣（一种喂猪的野草）的。

那时候，谁家的娃娃都稠（多），穿穿戴戴都是由妇女的手里过的，不像现在，出去就能买上现成的。那时候，家家户户连个缝纫机都少见得很，啥都是手工做，光纳鞋底就是个费人的活。妇女们白天上工，下午回去管娃娃，晚上还得熬灯费油地干这些活，说起来也很辛苦。

那时候，几乎每家都喂猪，那是家里面的肉食来源，许多妇女就在上工的时候，提着筐筐子，瞅空挖上些苣苣回去喂猪，我们也不能管得太严。

作为队长，干活在人前头，回来在人后头，吃过饭还要开会，研究明天的事。基本上天天开会，公社开完会大队开，大队开完会小队开，层层开会抓落实。挨上浇水的时候，要昼夜跟上水跑，三四天都不挨家（回不了家），吃饭是家里人提上送过来的，实在困得没办法了，儿子过来替换一下，马虎不得，要不，跑了的水比浇地的水还多。

作为生产队长，啥都要操心，冬天农户家炉子里烧的煤，要安排人早早拉去，自己有毛驴车的自己用毛驴车去拉，自己没有的，就是队上的马车拉回来再给大家分，一吨兰炭（一种焦煤）18块钱，一家子按照一个炉子两吨兰炭的标准给群众发上。过节研究好宰几头牛，给每户或每人分多少清油，多少肉食，到秋天决算的时候，再扣。

秋天的粮食往往都要打到第二年的二月了，过年预支上些钱让大家办年货，给家里人扯布做衣服。平时干活记工，男的按照10分记，女的按照8分记。

秋天的时候，为了防止秋收浪费，公社都派人下去检查，一平方米土地上洒（掉）了多少麦头子都是有标准的，超过的就是验收不合格，要扣除工分。

吃是大事，一个成年劳动力，一年定的口粮标准是360斤，一天给的是一斤，相当于一个大馍馍要吃一天。娃娃定的有280斤的，有250斤的，一些正长身体的娃娃饭量比大人的好，俗话说"半大小子，吃死老子"，蒸的"高产馍馍"软得都放不到蒸笼里去，都是拿碗扣进去的，吃了也不抗饿，大人吃上一点点，还要给娃腾生（节省）上些。吃不饱的人干活也没什么力气。现在，有些人家里把吃头（吃的）浪费的，我们都看不过眼，没有过过那种生活的人，根本体会不到饿着肚子干活的滋味，也就不知道该怎么珍惜粮食了。

我的接生经历

时间：2016年7月13日

地点：巴里坤哈萨克自治县大河镇干渠村

口述人：孙秀珍，大河镇干渠村村民，时年97岁

采录整理：田蓉红

我是1919年出生的，97岁了。我34岁的时候，好像是1953年吧，队上说要选些人去县医院学习新法接生，我跟前没有娃娃扰绊（牵扯），算是利联（没有拖累）人，就被选上跟着巴里坤县医院的杜新山大夫去学接生，是新中国成立后巴里坤的第一批新法接生员。

杜大夫是个老道（医术高明）大夫，我们这里的人说"鬼都找他接生过"。当时的五大队和一大队是一个大队，我是跟着一个王家老婆子去学的。王家老婆子以前接生过，是个老娘婆（民间对接生婆的称呼），有经验。在县上学习完以后，杜大夫要求她一定要把我带（教）会，之后只要有接生，她就带着我。我刚开始是站在旁边看，慢慢学着打下手，也摸出了些门道。

第一次接生,是一个冬天,有两户人家的媳妇都要生了,来找我们。王家老婆子腾不开手,就给我安顿(叮咛),这家的女人是二胎,她自己多少也懂一点,接生容易些,让我去接,她去接那个头手子(头胎)。

我要接生的那户人家住在良种场,她男人骑了辆自行车驮着我,自行车后架子松动了,那个小伙子又骑得着急,路也不好走,骑到二渠水库那个地方,自行车冲到了路下面,直接把我摔到渠沟里,额头碰到一块石头上,我当时就晕了过去,半天才醒过来。那个小伙子也吓坏了,看见我醒了,赶紧把我捞(扶)起来,问我怎么样。我也顾不得那么多了,只催他赶紧走。到他家以后,那个年轻媳妇已经疼得受不了了,呱喊嘶声(撕心裂肺)地叫,一家子人也着急地站在边上没手逗(束手无策),我的头上肿了个大包,人还有点晕,坐了一会儿,觉得人稍微灵醒(清醒)有些精神了,就赶紧忙着接生。

那是我第一次单独接生,心里头非常紧张,可是不接又不行,人就在跟前躺着,宫口都开了,没办法,我就按照杜大夫教的,给她说怎么用劲,娃娃的头头子(脑袋)终于出来了,浑身滑唧麻达的,我紧张得都抱不住。心里稳当了一下,慢慢按照杜大夫给我教的,剪脐带,用布单子包好,喊他们家的人来看,那还是个娃子(男孩)。一家人看见孩子顺利生出来了,都高兴得很,给我泡红糖水叫我喝。我坐下后,才觉得头上碰肿的地方疼得厉害,人也有些虚,半天没动弹。

从那以后,我胆子大了,开始自己接生。我接生的娃娃大部分都很顺利,但也遇到过几个横产的。接生接得多了,摸也能摸出来是顺产还是横产。

有一年冬天,11月的天气吧,我都睡了,院门外头有人喊我呢,老头子说:"肯定是谁家的婆姨要生了。"我听那人声音喊得着急,也就着急忙活地爬起来,穿了件短大衣就出去了。

那家人住在上庄子,离我们的庄子还有些路程,赶紧跑上去。女人是出去解手的时候就破浆了,这时疼得都站不住了,我到了后一看,娃的小手都出来了。那个时候的女人生娃没有现在这么金贵,也不知道提前(产前)检查,都是肚子疼了才找接生婆的。我一看那个情况是横产,不敢接,给她男人说赶紧想办法往公社卫生院送。

当时交通不便,找了隔壁吴家的驴,套了毛驴车,铺了两床厚被子,又给盖了两床,驴车子就满当当的了,我也坐上,一路照顾她。

11月份,天气好怂(特别)地冷,路远,还不好走,赶到公社卫生院,卫生院的大夫也不敢接,又让拉到县医院去,几个小时地走呢,女人呻吟了一路,可是受了罪了。到县城后赶紧送到了急救室,医院的杜大夫和口里(内地)来的徐大夫给接生的,他们两个都是高手,还有两个女的做助理,最后总算是把娃娃接下来了。天都快亮了,我们几个人还照了个相。30多年了,那张照片也不知道放到哪里了。

我从30多岁开始接生,南滩上、北山上、良种场,我都接生过。接过最远的一户人家住在庄子北面的山里一个叫楼房沟的地方,我本来是去楼房沟侄女家走亲戚串门子,正赶上(恰巧遇到)村里一家子的新媳妇生娃呢,非要叫我给她接,去了后,那家人给我倒了些茶,结果还把我的脚面给烫了。

除了汉族人来找我接生,一些少数民族也来找我帮助接生。干渠南边的牧场,以前有一户哈萨克族人家的媳妇生二胎,他们家人骑着马来驮我,去了以后才知道,媳妇肚子疼了一晚上但一直不生,他们家有个亲戚,也学过接生,给她打了催产素,一下把子宫给催下来了。

我以前没见过这种情况,就看见外面吊着一个大红疙瘩,胎盘还没出来,血淌得止不住,人都昏过去了。这家人亲戚多,人心也齐得很,好少(很多)的人一起在外面等着,我去了一看,说不行,这种情况我没经过,不会处理，赶紧叫卫生院的医生，又有人骑着马去公社卫生院把王大夫叫来。王大夫一进门就说，是子宫下来了，她戴着手套把子宫推上去，把人又送到医院去把胎盘取出来。第二天我又巴心（特意、专程）跑上去看了一下，大人娃娃都好，就是女人血流得多，有些虚。王大夫说娃娃太大了，把子宫带出来了。女人生娃，就像在鬼门关上转达一样，弄不好就危险得很。

接生也是个吃苦的活，几十年我啥天气都出去过。夏天，生活好一点的人家骑个自行车来驮，不管路程远近，敦敦达达（形容路颠簸不好走）的，弄不好还摔一跤。遇上下雨天，也没个雨衣，赶去衣裳都湿透了。

冬天就坐个毛驴车，穿着个布大衣。不管天冷天热，遇上人喊你，不去也不行啊，人命关天，不能盯眼（眼睁睁）看着人家难产吧。我性子好，赶早喊赶早走，半夜喊就连夜走，有些年轻媳妇两三天地疼呢，光疼不生，我就待在人家候着，一等就是好几天。顺利养哈，大人娃娃都轻松，我们心里也宽展（舒心），没生下之前，谁都紧张。

那时候去接生，有的人家给上3块钱，困难的人家给上1块钱，一分钱都拿不出来的人家也有呢。我也没管过价钱，你给上几个（指钱）我就拿上几个，你不给我也不向你要。对那些家里特别穷的人家不仅一分钱不要，而且我去的时候还带些红糖给产妇喝，像村里以前有个叫王瑞花的，家里头着实困难得很，公家一老救济的呢，我问人家要啥去呢。还有一户人家，我没记住名字，日子看着就可怜的，穿没穿的，盖没盖的，寒冬腊月，媳妇子就穿着个单裤子坐月子，我就手（当时）把自己的大衣脱了，送给她了。

我接生这么多年，苦了我的老汉（丈夫）了。我大大（父亲）死得早，我妈妈是寡妇。我的老汉是甘肃武威人，比我大两轮，招了女婿来的。老汉是肝炎，苦哈（累）的病，他82岁时没有了，到现在都40年了。他年轻时候能干得很,我们以前是城上(县城)的人,到大河来买了些地,老汉也勤快,苦炸了,把小块块地都刨成大块子。那时候干活全凭两只手,整天拿着尖子、铁锨刨,最后手上的关节都变大了。我去接生,老汉啥话也不多说,就说:"你去了一哈回来(快点回来)"。我也想去了就能回来,可生娃的人情况都不一样,时间也由不得我。

那时候没有计划生育,谁家的娃娃都生得稠(多),一个接一个的。有一年光我们这一个队就接了20多个娃,有时候一天两三个地接,这边正在接,那边又来喊;有时候又一个孩子连着几天等,产妇只喊肚子疼,但就是孩子不出生;当然还有特殊情况,要送到公社或者县里的,那我得陪着,路上有什么情况,能处理就得帮着处理呀。大河现在60岁以下30岁以上的人,百分之九十都是我接生的。这边的人见了我也都亲热得很,路上看见了都招呼我,叫我到家里去站一哈(坐一会儿)。我接生了那么多个娃娃,对不住老汉的就是个人的娃娃一个也没有抓住(养大成人)。

我前后生过三个娃,两个娃子、一个姑娘,都是大养(顺产)哈的,头手子(头胎)都6个月了,没抓住。娃娃生下来就一直咳嗽,找了附近一个赤脚医生看了,说是肺炎。那时候医学不发达,医院也看了,偏方子也治了。没有办法,啥方子都用了,娃也没留住。第二个也是娃子,才2个多月,也是肺炎,糟蹋到了。第三个是丫头,才活了20多天就没有了。我年轻的时候,病也特别多,经常咳嗽得不行,老汉说是我一老(经常)出去风里雨里地造哈的病,累得连娃娃也没抓住。我生姑娘的时候得了月间痨,差点死了,没想到我被救过来以后,现在命还大得很,活到97岁了,再有3年就100岁了。

我心闲(心大),不想那么多的事,现在跟着75岁的侄儿子过日子,每天早上喝一小杯酒,下午6点准时睡觉,睡觉的时候,炉子上放个缸缸子(铁质茶缸),泡点红枣,早上五六点就起来熬枣茶喝上些,再在碗里打一个鸡蛋,开水一冲喝了就出门转去了,不管冬夏,都是这样子过的。

1953年、1963年的时候,我都是大河乡的人大代表,进过三次党校学习。1953年到1983年,我在常年互助组和临时互助组当过组长,还当过20年干渠大队的妇联主任。1953年乡里选人大代表让我去县上开会,我还不敢去。刚解放,人们对有些说法还不懂,不知道人大代表是干啥的,我说我不敢去,乡里的乡长说不去不行,你是大家举了拳头选出来的人,我就去了,还发了代表证。会开完了,我把代表证一直包着放在我的柜柜里头呢。还有我当接生员的时候发的接生包和工具,我都拾掇好一直放着呢。到1957年,觉悟也提高了,我就入了党。

我岁数虽然大了,可脑子清醒得很,认识的人也多,各个队接生过的娃娃,大部分现在都是奶奶爷爷辈的了,最小的一个现在也都17岁了。那是我80岁的时候,接生过的一个娃,是那年的大年初二生的,他们家人来拉我,我说现在都不实行在家里自己接生了,还是去医院吧,他们死活不同意,非要让我去,我就去了,算是我最后接生的一个娃了。

这里的人对待我也好。我早上出门去转,打牌、掀牛九(一种纸牌游戏),有时候玩到谁家就在谁家吃饭了。这个队里的娃大多数都是我接生的,像我个人(自己)的娃一样,去年(2015年)端午的时候,他们还都来给我送蒸饼。虽然我个人的娃一个没抓住,但是这个庄子上的娃都是我接生的,都是我看着长大的,我也把他们当自个的娃看待。

我马上就100岁了,现在干渠村我岁数最大了,再没有比我活得大的了。

遭遇兵乱

时间：2013年6月25日

地点：巴里坤哈萨克自治县石人子乡石人子村

讲述人：唐月珍，石人子乡石人子村村民，时年88岁

采录整理：田蓉红

我是南门唐家的姑娘，就在南门外面仙姑庙的旁边住着，我们和二大（二叔）家住在一个院子里，那时候这里的人都习惯把我们住的地方叫唐家大院。

新中国成立前我们的生活可怜得很，不光日子穷，还闹兵乱。小时候记得事了，印象中有一天枪乱响，子弹呜呜地到处乱飞，家里人都说是闹兵乱了。几个土匪从仙姑庙的墙上跳下来，我的姐姐——大叔家的姑娘，被几个兵痞追着跑了很远，后来在大家帮助下才跑到我们的牛棚底下藏了起来。我的二妈、我的妈妈爸爸都在那里护着她，我也小，不知道怎么保护自己，是家里人硬拉着躲起来的。第二天早早套了个牛车，上面装的草下面藏着人，一家子准备进城躲一躲，进城时南门、西门都锁了，只能往东门

去,从东门才进了城,我和妈妈一起避到舅大(母亲的大哥,称为舅大)家。等到土匪走了,我们才出城回家。

回到家一看,秋天打的粮食都叫土匪抢光烧光了,我们孽障(可怜)地就吃上些洋芋,掺上一点点面,或者吃上些青稞糁子。镇西再种不成别的杂粮,除了洋芋就是青稞。那时候乱啊,一会儿闹土匪,一会儿闹兵乱,整得我们进了几次城。

我爹爹爱游爱逛爱吃,挣上一点钱出去就花掉了。我二大家的日子就富裕,他骂我爹爹是懒干手(游手好闲不务正业)、败家子。后来二大给我们分了九块地,五个长档子(长条形的地),还有四块是边边角角的地,我妈妈和我爹爹就种那么多,其他我奶奶给我们分的地,都让我二大霸占上去了。

后头,我爹爹跟国民党部队一个姓关的团长走了,是被抓壮丁抓走的。听说,那个关团长把镇西好些(很多)小伙子都抓走了。我爹爹走的时候,家里还只有我和哥哥两个孩子,我妈妈带着我们两个可孽障(受罪)了,没钱没吃的。夏天,我和哥哥两个人就出去到处摘杞果(枸杞子),城墙边上的杞果多,我们两个摘上一碗,能卖上50两那种花花票子,然后再去买上些面,换上些锅盔(当地一种烧制的面食),就那样过日子呢。

我爹爹走的时候我七八岁,赶我10岁的时候爹爹回来了。他回来后养(经营)了个花马,拉着一个四轱辘车车子,给有钱的人家拉土、上房泥、涮壳朗(和泥墁墙)。他一边种地一边干那些事,干完活回家来卸了车,我就拉上出去放马去了。

我二大养了不少(很多)的羊,在尕一队(现石人子乡石人子村)倪裴聂的庄子上放的呢。倪裴聂的妈妈是给我二大放羊的羊把式(羊倌)的大姨子。

有一天,天黑乎乎的还没亮,那个姓牛的羊把式跑到我们的院子里去骂我二大,说:"格老子的,你们还热身子贴在热炕上睡得香呢,我们叫土匪打得窜趟子(到处跑),羊全都叫抢上去了。"我爹爹听见了,说唐老二是楞头客(读kei),羊抢上去对的呢。其实我爹爹当时也是说了句气话。赶头(到了)第二年,我二大可能把羊肉提上送了礼,硬是冤枉说他的羊是我爹爹领的土匪抢上去的,把我爹爹整到笆篱子(监狱)里坐牢去了。

我小啊,不知道他到底坐了多少日月,反正就记得给爹爹送饭去,叫狗哉(咬)的都是印子。冬天我的脚上穿的布鞋,冻得都是冻疮。最后安县长调查清楚了,让我爹爹出了狱,并让我爹爹做了稽查。爹爹能挣上工资了,我们才吃了个饱肚子。

那时候麻子多得很,我的几个本家叔叔都是麻子,我二大叫唐二麻子,我大爹(大伯)叫唐大麻子,我三大(三叔)麻得还厉害。他们那时候不点牛痘,从我们记事时起就有了花先生(用痘痂接种预防天花的先生)了,现在连麻疹也不好好出了,我们小时候麻疹出得厉害。赶头(等到)新中国成立了,开始点牛痘了,才不出花了。

以前养儿女是沙里澄(沉淀)金的呢,养上十个八个就活上一两个,不像现在十全十美的就都能活。我底下(后面)的几个弟妹四五个都死了,到我14岁上才有了个弟弟,16岁上活了个妹妹,我妈妈就养活了我们姊妹四个。我小时候也裹过脚,妈妈把脚一给我裹上,我爸爸就偷着给我拆了。

我们都是冻过来的。我奶奶本来给我们家分的东房,赶头(等到)我奶奶死了,我们没人管了,我二大住进了东房,给了我们个烂房子。冬天搭的土炉子,焦炭不好着,赶着旺就到10点了。

你看我的头顶上没头发,都是小时候造的孽。天冷,我们住的煨炕。一天,我妈妈把炕洞揭开,准备煨炕呢,炕上有个炕桌子,她就把我拴在炕桌子上,提上筐到后面去拾干粪去了。我爬着爬着掉到炕洞里,头上全全

(整个)烧零干(完)了。我们家的门边上就是井,我的婶娘和她儿媳妇就在井上打水,我哭成那个劲仗(哭得那么厉害),他们都没进来看一下。赶我妈妈回来,我已经烧伤了,疼得抽风呢,也没药治。

赶头(等到)我17岁的时候,巴里坤就到盛世才的手里了。盛世才和苏联人建立了联系,苏联人(指驻巴里坤的苏联部队)刚来的时候安稳,啥都便宜,我们能吃饱了,土匪也少了。巴里坤城的大十字里以前有个鼓楼,鼓楼下面成天放着喇叭响,南山庙上也放着喇叭,城外头栽地杆也放着喇叭。我们想咋这么好啊,还有喇叭呢。

苏联人还在南山庙上、仙姑庙放演电影,平时有月亮的时候不放,看不清。一到没月亮的晚上,就开始放了。放的电影不是打仗的就是苏联的集体农庄。放电影的地方在地藏寺的戏台上,就是你们现在喜欢去旅游的那个地方。

一放电影,城里(县城)的人、地上(乡下)的人都去看呢,前头(以前)没见过啊,都稀奇得很,我们这一辈看上了,我们的老辈子也看上了。只是旧社会的姑娘可封建了,不敢见人,就是放开电影了也是偷着看一下。好在我们院子的后墙就跟地藏寺连着,一放电影,我们趴在墙头上都能看见,我妈妈、我爹爹、我二大都能看上,就我二妈是个麻眼子(视力不好),看不成。我们在那个院子住了几年,等我生了第一个娃,我二大给了我爹爹些钱,把房子修到山坡上面了。

苏联人来巴里坤住了大概三年的时间,不光放喇叭、放电影,还在仙姑庙里头开了个市场,卖的那些锅锅子、碗碗子,都好看得很。我们买不起,有钱人家才能买上。

我二大的日子那时候富有,巴里坤有个歌谣子:"一出南门上南坡,看见唐家的剩饭锅,锅里漂着羊粪蛋,掌柜子说是蘑菇饭,青稞面胀死,洋芋蛋救活,饿死饿活,不给唐家干活,若要干活,打个铜头铁脖。"说的就是他们家。

我二大家养的羊多，苏联人一来，羊毛值钱了，我二大家给娃擦完屁股撂（扔）到灰堆上的碎羊毛，我还拾上去买了一对洋碗，好看得很。我们平时用的就是黑碗，有人说我买的那对洋碗不是苏联货，是我们中国景德镇的瓷碗拿来卖给我们了。

后头（后来），苏联人要从镇西离开了，大概是3月份的时候，天气还冷得很。一天赶早，天都黑洞洞（指天还没有亮）的，听得外面赫楞震振地（震天动地）地响呢，我爹爹趴在墙头上一看，说是苏联人要回去呢，我们都起来看。

苏联人走了，国民党军就来了。国民党军的到来可把我们害零干（害惨）了。那个国民党军队见啥都拿呢，见斧头也拿呢，见铁锨也拿呢，我们又在城墙边上住着，过来过去都被骚扰一哈。在国民党的手里（国民党为政的时候）我们生活咋那么穷啊，穷得连穿的都没有，白口布、洋布都没有。我们一起（全都）穿的褡裢布，那种细细的条条子，缝个衣裳得四条条子褡裢布才能缝好，还没现在包布的布皮子好。有钱人存下存货的都穿得好，就我们穷人孽障（可怜）成那个劲（那个样子）了。

我对付（将就）到17岁，妈妈就把我出嫁到三十里馆子（今石人子二村）了。我出嫁呢，我爹爹给曹家油坊的管家说了一下，想办法偷的（悄悄）买了些黑花洋布，做了条裤子，做了件衣裳。

旧社会孽障（可怜）得很，我们种地还要上粮还要支差，公家动不动给派任务，车哩人哩都得去。穷人家的娃连个学也没法上，有钱的人还能在家里雇教师上个私学。我哥哥以前上了个洋学，也是冬天才能上三四个月，夏天又是打蚂蚱又是去修渠呢，也没上成，我们姑娘更不用说了，没识个字。

到1949年阴历的九月，阳历的10月，我都已经结婚了，在西黑沟干活的呢,听见下面城里枪响了,人都紧张得很,说底滩里(对县城的代称)咋了。后头才知道,炸兵(国民党的兵)从城里面退呢,开始乱抢东西,马鞍子和吃的用的,见啥抢啥,把农民的啥都抢走了。

一打(自从)解放了,共产党可好了,我们不害怕贼娃子了,不害怕土匪了。以前晚上狗一叫,一家子人就悄悄的大气都不敢出,更不敢出门,由着土匪抢牛了就把牛拉走,抢马了就把马拉走,只要人没事就好。等到共产党来了,世道才真正安稳了。

妈妈教我接生

时间:2016年6月24日
地点:巴里坤哈萨克自治县大河镇干渠村
讲述人:杨月珍,大河镇干渠村村民,时年74岁
采录整理:田蓉红

我第一次接生是给自己的妈妈。那年我才十五六岁,一家人都住在大河公社北边小熊沟西梁上,还没有搬下来。我妈当时快生了,但预产期是什么日子,她自己也算不准,就觉得快到日子了,有一天催着让我父亲赶着牛车进城去置办东西,想着买些羊肉,买些红糖,买些布,坐月子用。还有我们在小熊沟住的房子是临时修起来的,一直没有门,我父亲打算去城里把以前房子上的门卸了拿过来安上,要不然房子里光进风,怎么坐月子。

我父亲天一亮就赶着牛车走了,到下午天气变了,开始下雪,我妈那时候肚子已经疼了,她生过我们三个娃,自己又会接生,凭经验就知道自己可能要生了。天都已经黑了,哥哥出去玩还没有回家,家里就剩我和妹妹两个人,东

梁楼房沟有个接生婆,可是那么晚了,路又远,家里没有大人,谁去请呢。

我妈就把我喊过去说:"你看,你爸刚走,我就要生了,没有办法了,你就给妈妈接生吧。我给你说,你去把妈妈准备好的毡毡子拿过来,娃娃出来以后,你定定捧着,可不能松手,你一松手,脐带扯断,胎盘出不来,留在妈妈的肚子里,妈妈就活不成了。你记住了没有?等胎盘出来以后,你才能把娃娃放下。"

我点点头说,你放心吧,我记住了。

我妈妈有血迷的毛病,她害怕自己生完之后会晕过去,一个劲地叮嘱我,如果晕过去,要我使劲拽着她的头发喊她,一直到喊醒她为止。

她给我安顿好之后,就挪到一边的麦草上去了。我们全家五口人当时只有一条毡,两床被子。我妈生产的时候,害怕弄脏了毡,就提前在炕角放了一堆麦草。我抱了一个木头箱子过来,把石油灯放在木头箱子上,拨亮灯芯,守着我妈。

一会儿的时间,我妈肚子开始疼得厉害了,我赶紧喊妹妹让烧热水。我紧张地看着我妈,大概疼了一炷香那么长的时间,孩子的头露出来了,我拿着一块毡接在妈妈的身子下面。我妈疼得难受,还不忘叮嘱我,"一定要抱好,不要让掉下去了。"我妈跪在炕上,炕离地面也挺高的,如果掉下来,孩子就会摔死,也会拉伤我妈妈。

我一动不敢动,等孩子完全生出来之后,我妈咬着牙用劲把胎盘也给排了出来。她身体本来就虚弱,又紧张,生完之后就晕过去了。我把娃娃放在一边,和妹妹按照她叮嘱的那样,两手死死抓住她的头发,连哭带叫地喊她。外面风雪交加,我们姐妹俩也不知道妈妈能不能醒过来,就是撕心裂肺地喊啊。

好半天,妈妈终于醒过来了,开口第一句就问:"男娃还是女娃?"我赶紧回答:"是男娃。"我妈爬起来,抱着哇哇乱哭的小弟弟,叮咛我把一些羊毛放在炉子边上烤热,把娃包起来。

我妈都把弟弟生下了,我哥才从外面回来。房子没有门,我和哥哥把案板抬起来堵到门上,又找了些破布把太大的缝隙塞上,我给妈妈煮了点稀饭,兄妹几个守着她,盼着我父亲早点回来。

妈妈坐在一个事先准备好的用大布缝好的枕头上,那个枕头里面装的是沙子。以前农村的女人坐月子都用那个,没有换洗的东西,就坐在装了沙子的枕头上,等身体里的脏血流干净了,再和麦草一起裹起来扔出去。

父亲从我们住的地方赶着牛车去县城,中途还要在大河乡住一晚,第二天才能到县城,这样连置办东西,来去最快都得四天。我们天天在门外面瞭(眺望),终于等到父亲回来了。他一进门,看见我妈已经生了,问是谁接生的。我妈说,你一走,我这边肚子就疼了,住在这个山边边上,半夜晚夕地找谁去呢,是大丫头给我接生的。

从此以后,妈妈出去给人接生,我也就跟着,越来越熟练了。

有一次,牛毛圈的一个哈萨克族年轻人来找我妈给他媳妇接生,他把我妈叫"杨妈妈",听别人说杨妈妈接得好,专门来请,且非要让她去。路太远,我不放心我妈妈,就让她带着我。

年轻人牵来了一匹马,让我妈和我骑上,他牵着马走。进了他们家的毡房一看,那个媳妇已经疼得不行了,他们家的人在房子中间拴了一根绳子,让媳妇趴在绳子上,他们来回甩绳子,也不知道是什么意思,反正那个年轻媳妇疼得死去活来的,连哭带叫。

我妈去了以后,让人把孕妇从毛绳上搀下来放在毡上。我妈要按照她的方法给这个孕妇接生。

我妈给接生完之后,他们家煮了羊肉,让我们吃饱,住了一晚上才送我们回家。临回的时候,又给我们包了些熟羊肉,让带回家吃。

我妈回来第三天,准备骑上驴去看一看那个娃娃怎么样了,遇到一个人说,那家人已经搬走了。我妈说刚生了三天的产妇怎么能走远路呢,容易得关节炎。可是说归说,他们已经走了,也就再没有去。

在我妈妈那一代,接生都是让孕妇跪着,接生婆头上顶着一块红布,说是怕冲了。然后两手捧着一个毡毡子,等孩子生出来后,不能动,一直要等到产妇体内的胎盘全都出来以后,把胎盘里的血往婴儿的脐带内挤上一点,才能剪断,然后用黑线扎住。往婴儿的脐带内挤血说是为了让婴儿的血旺一点,以后娃娃的体格好。用黑线扎脐带是为了毛发黑一点。这都是老辈人的讲究,我们也不太懂。

等我接生的时候,都是叫孕妇睡展,躺在那里生。婴儿一出生,就先把脐带剪断,把娃嘴里面的羊水掏一下,放在一边,然后帮助产妇揉小肚子,让胎盘快快下来,旁边的人准备好红糖水,给产妇喂上一点。

在家里出生的娃娃,胎盘都是要埋起来的。男娃的埋在门槛下面,女娃的埋在炕沿下面。那时候,家家户户都有炕,挖一个坑,接生婆把胎盘放进去,埋好,上面再压个砖头。生几个娃,就埋几个胎盘,七天以后,过去检查一下娃的脐带好了没有。

我的老汉包产到户以后就得了病,是拉柴的时候,柴从牛车上垒(掉)了下来,顶到肋骨上,把肋骨整坏戳到肉里了,他一直也没言传,后来疼得不行了才给我说。

那天下午四五点了,我用毛驴车把他拉到城里去看病,一块去的还有不到10岁的小儿子。到城里以后大夫就让住院呢,我得看护老汉,就把小儿子送出东门,让他一个人赶着毛驴车回家,叮嘱他老老实实坐在车上。我们家的驴乖,拉着他从高家湖那边就回来了。现在想想,都觉得害怕,叫一个不到10岁的娃一个人赶着毛驴车在晚上回家,多危险呀!

住院手里没有钱,我们的一个尕大(小叔)给我20块钱,家里面的鸡下了蛋,丫头就赶紧卖上些钱,给我拿过来,后头(后来)又转到哈密医院。

秋收的时候，老汉也没有出院，地里的庄稼都是喊的女儿女婿去帮忙收的，我说忙不过来了，你们就把粮食头先掐了，从库房上面倒进去，我回去了再慢慢打。结果老汉从7月份住院住到了11月份，整整住了五个月。

为了叫老汉吃好，我天天去医院附近的饭馆给他端饭。端饭的时候，都给人家下话，面片子揪薄一点，多给放上些肉。我一天换上一家，时间长了也不好意思，最后，附近的饭馆都端遍了，人家都把我认下了。一碗汤饭一块钱，我就给老汉端上一些，自己吃上些馍馍，一点干馍馍吃了三个月。

我有个侄儿子在医院上班，他心疼我吃不好，偷偷给了我一个电磁炉，我就晚上偷着和一点面，做上一点饭。为了和医生护士搞好关系，我抽空还要帮他们捻棉球，一堆棉花放在那里，老汉看见了就说，你少做上些，手都捻疼了。我说没有办法，为了给你治病，这么点活，做了也就做了。

住院期间，一天晚上，有个医生值班，来查房的时候说："今天晚上够忙的，有三个生孩子的。"她是个上海人，我们都叫她上海阿拉。我们老汉就说："不要紧，我的老婆子会接生呢，实在忙不过来，叫她给你帮个忙。"

我说我接生都是老式接生，和医院里面的新法接生不一样。医生说，不要紧，到时候你搭把手就行了。结果，同时有两个都要生了，没办法我就去给接了一个，是个男娃娃，胎盘我自己留下了，煮上给老汉吃。怕老汉知道了不吃，就骗他说是买来的羊奶膀，吃上对身体有好处，他也就吃上了。

说起接生，据说我的老太，就是我妈妈的奶奶就会接生。这些都是我妈妈讲给我的。老太在的时候还是清朝，她给一户人家媳妇从肚子里取出来了一个死胎。

那户人家住在花庄子，是个有势力的，他们家的媳妇难产，娃娃死在肚子里了，不取出来，连大人的命也保不住了。家里人不知道怎么就打听到我老太会接生，派人来找我老太。那时候，城门都是不轻易开的，那家人不知道怎么和城里的管事人商量好，晚上，用一个大筐把我老太从城墙上吊下去，接到花庄子去。有人给我老太下巴头（说狠话，威胁的意思）说，"今天，你把这个娃娃取出来，把大人的命保住，给你多少钱都行呢；要是取不出来，你的头也就不要想要了。"

我老太豁出去了，最后硬是把那个娃给取出来了。这家人给了她五个金锞子，又把她送到城墙下，用筐吊了上去。后来老太死了，那五个金锞子也不知道流落到哪里去了。

穷人的娃娃能吃苦

时间:2016年3月19日

地点:巴里坤哈萨克自治县大河镇干渠村

讲述人:魏延忠,大河镇干渠村村民,时年86岁

采录整理:田蓉红

我是个贫农,我娘就生了我一个。我两三岁上,娘就去世了,我打小跟着舅舅过日子。本来我姓阎,一个人顶了两个门,跟了舅舅就随舅舅姓魏。

"谁不养的,谁不疼",这话在有些人身上真是对呢。我到了舅舅家,舅舅、舅母经常打得我在草园子里睡呢,可我也不记恨他们,我虽然没吃"胸膛奶",但是吃了"手心饭",他们也算把我养大了,活到今天,80多岁了。

到我能支事(干活)了,舅舅打发我到大河给吴老大家去当长工。吴老大是个大户,家里有地,还有几百只羊,雇着一个人专门放羊。我去了就是打零工,白天在地里薅草,黑里(晚上)套上牛犁歇地(歇地指歇了一年没有耕种的地),白天黑夜地干,人瞌睡得不行,一次吃饭的时候丢

盹(打盹),把碗都跌(掉)地上打烂了。

舅舅耍钱(赌博)歪(厉害)得很。我一年的工资,他拿上去,四圈子还没打完钱就输完了。一输了钱就找我拿我撒气,我受不了,想离他远些,就跑出去到南园子唐地主家干活。没几天,舅舅骑了吴老大的马又把我找回去了。

我还在银行里站过岗。那时候的银行被挖了窟窿了(被偷盗了),各处找的人派差使站岗,我们那一班是魏老五家弟兄三个加上我。我一个娃娃,个子太矮,枪背上就到脚后眼了。站完岗回来继续给吴老大家干活。

大集体我靠事(能干、顶事)得很,在北山看过集体草场,城里积过肥,还在煤窑上挂过提口(煤窑上的一个工种)。人家说:"这个怂(对孩子的昵称)尕(年龄小)是尕,挂提口机溜(灵)得很。"后来把我拨到了老窑上,我偷跑回来了,从官炭窑子一晚夕(一晚上)就到了巴里坤了。

大集体的时候,我还给公安局喂过马。十八九匹马,换了多少人都喂不好,有些人把马腿整坏了,料喂不上。我去喂了一段时间,马的状态明显好多了,公安局的人就问:"怎么喂的呢,马膘一下就起来了?"我觉得关键还是我上心。公安局准备要我专门去喂马,但队上不放。

我喂马,公安局一个月给队上75块钱,还有马粪。我们队上一天给我记8分工。公安局的人说:"你过来给我们专门喂马,工资我们直接给你,不给队上给了。"可是队上不愿意,把我又叫回去,到北山上的大红旗沟去看地窑,看了一冬冬子(一个冬天)。

地窑是用砖和水泥做的一个大窑,边上都是槽子,有三四间房子那么大,备战备荒用的,粮食拉上去,存在里面。那时候老天待见,遇上年景好,山上的旱地打了十几万斤粮食呢。

在我前面有三个小伙子在那里看地窑,可他们说一到晚上老是听见里面有响动,说啥都不蹲了(不待了)。书记又把我弄上去,给我加了20

分工,让我去看。

队上春天犁地的时候,一直在外面撂着一个废油桶,到了晚上,我就听油桶咋"咣咣咣"响呢,便一个人提了个切刀,跑到门上,啥也没有。队上给了个录音机,我听着听着就睡着了,就觉得地下蹲着个女人,跕触跕触(口语,读kuchukuchu)地在那里洗衣服呢,想认真看一下,人死活醒不来,像魇住了,等醒来一看啥都没有。

我看地窖的时候,就一个人,几十万斤粮食在地窖里搁着,还喂了一匹马。我要是有私心,趁晚上驮上一口袋粮食,婆姨娃娃都有吃的呢。可我不干,日子能过成啥样就过成啥样,穷了不偷,富了不显。当时都说二大队五队干得好,其实社员一样穷得很,真正叫穷门挂的富招牌。

我先后娶过两个老婆。

我的第一个老婆是河沿上李家的,我们结婚三年她就死了。

我舅舅那时在西涝湾有20亩地,我和第一个女人结婚以后舅舅就把这20亩地给我了。我在地里头种了六斗(旧时粮食计量单位)种子,种的品种叫大头狼。那个粮食黄得早,别人还没去割的时候,我们两口子就割去了。

我们到地里以后,开始割庄稼前,先把铁轱辘车支起来,搭了个房子,看见对面有个高高的土堆,草长得高得很。我们两个人年轻,也不想别的,就想那里有现成的草,再说锅头安得高了风也利,就把锅放在上面做吃的去了。

我们的六斗种子后来打了二十多斗,粮食歪得很(意指丰收),本来有个人来说给我们割去呢,那个死鬼(对已故的媳妇的称呼)就不要,我们两个割了20多天才割完。回来后,打柴沟的旱地庄稼也黄了。但打柴沟的庄稼长得矮矮的,我说撂了不要了,她说可惜得很,一定要割去呢。我们有个亲戚杨万生在大柴沟住的呢,我们就住在他那里,天天割。媳妇那时候已经乏（累）得不行了，她害怕粮食割不完叫我撂了可惜，就硬是坚持和我一起割，在场上打了四斗粮食以后才回来。

那时候跟前没有医院，东路三十户村有个董生才的老婆子病看得好，我把媳妇拉上去以后，她看了一眼说："你还是拉上回去吧，这个媳妇早两个月看就好了，现在不行了。"结果时间不长人就走了。

1957年，我第二次结完婚就和老婆一起去大炼钢铁了。那时候是硬性任务，年岁（年龄）差不多的都要去。大炼钢铁的时候，人一天在巷里要待八个小时，我媳妇也跟上我一起去了。她这个人能干得很，我下巷道，她也跟上我下巷道，往井口上一坐，边上的人都扎了大拇指了（竖大拇指称赞）。

几十个人在一起干活，一个工房里住的都是男的，就她一个女的，她睡觉下面的裤子都不脱，虱子多得连编编子（串串），人痒得受不住了，就和我去找个没人的地方脱下来，我放风，她把衣服放在石头上，石头和石头对上砸。

干活干乏了，那么多的虱子睡下也不觉得痒痒，晚上出去尿尿的时候，提个裤子起来都丢盹（打盹），人就瞌睡成那个样子了。背地里，她把眼泪都淌干了，娃娃稠（孩子多，年龄间隔小）得很，一岁多一个，人一泼烦（烦躁），两个人就打锤嚷仗（打架、吵架）地开始闹。后来队上说她表现积极，让入党呢，我不同意。一个女人家，一天疯狗扬长（风风火火）地在外面跑，越不管家里的事了。

1959年，我们到水库干活，她是个大肚子（怀孕的人）也去了，因为她是团员，要起带头作用呢。10月份的天气，渠里面两边都结了冰，就中间没有上冻流的一股股水，她干活的时候没防着跌到水里面了，留了个病根。

舅舅性子老道（厉害）得很，生产队的人都把他叫魏虎，我们叫虎爷。

舅舅劳教的地方在伊吾苇子峡。有一天，他叫人捎口信说叫我们去看看他。我就和同村的另一个人一起拿了些吃头（吃的东西）去看他们。我们先坐班车到伊吾，离苇子峡还很远，正好遇上劳改队的车到伊吾拉粮食来了，我们就跟上走。

去劳改队一天到不了，中间要在路上休息一晚上。这天我们晚上休息的时候，劳改队的人拐进了一户人家，我们也没看清是哪家，就自己找地方住，结果我们花了三毛钱在一户人家住了一晚上。带给舅舅的吃头怕丢了，就枕在头底下。

早上早早起来等在村口，看见劳改队的人出来了，再跟上走。到了劳改队，把带的吃的都给了舅舅，有人问我们有没有粮票，我们说有呢，又买了两个馍馍，给舅舅放下，然后给了60块钱，就返回了。

谁能想到，回家的时候，我们俩差点把命丢了。

我们返回的时候，在山里面转来转去就迷了路，后来碰上一条河，也不知道深浅。正犹豫呢，就听见对面有狗叫，我们想有狗叫的地方就有人家，不过河，没有地方住。两个人脱了鞋就下了水，河里全是冰碴子，走路都嗦里索朗地响呢。后来远远听见一个苇子沟里狗咬呢，就跟上狗叫声摸过去，原来是一个当地人在那里放牛。这个人心好，在毡房里笼了一堆火，给了我们两个大皮袄让盖上睡觉，还给我们烧了些奶茶，热热乎乎地喝了。第二天，他骑上马，去山里调了个大花马来，让我们两人骑到马上，从山里一条小路走，很快就到伊吾了。现在想来迷路又能遇到牧人搭救，真是命不该绝呢。

我们很感谢，买了一块钱的花花糖（水果糖）送给他，说是给娃买的些吃头（零食）。他说："不要不要，你们今天回巴里坤呢，路上的事情不好说，谁知道今天到呢还是明天到呢，你们留着自己吃。"结果，还让他说对了，由于迷了路，耽误了时间，我们还是把班车逛到了（错过了），只得找了个旅社住上一晚上，一打听人家一晚上要一块五毛钱，同村人说："我们还回巴里坤呢,去了还来呢,钱不够,先给你交上一半子行不行?"那人也好说话,就给他打了个条子,交了一半的钱。

我们两个人跑了一天,肚子也饿了,出去准备吃点东西,凑巧走进了一个巴里坤丫头(姑娘)开的个饭馆。一看互相都认识,她给我们一人炒了一盘子面,边上的人都趴上看,说是不是当官的,都能吃炒面。也是我们的机会好,本来一块钱的炒面,就掏了五毛钱。

第二天赶早(清早)冒雪坐上走哈密的班车,走到沟梁,雪大得很,车趴窝了,一车人下来铲雪后才又上路。路不好走,走到口门子(地名)都半夜了,就又住了下来。车上一块(一起)坐的有四个解放军,他们为大家在房子里笼了一笼火,烧了一壶茶,弄的砂子糖(砂糖),大家热热地喝了。早上起来,他们又让我们一起去食堂里吃饭,我们就跟上去吃了,然后,他们回哈密,我们回巴里坤,我们在十分感激中和四个解放军告别。

从口门子回巴里坤再没车,我们遇见一个老汉,他看见我们犯愁,就问我们到哪里去,我们说回巴里坤。他说现在也没车,你们在这儿也没地方去,还是跟我走吧!就带我们回到他住的推车子沟。到了他的住处,老人给我们做的辣子炒羊肉,吃得这么大(老人说话时用手比画着大小)的馍馍,又白又暄的,今天我还能想起来那个味道呢。我们在推车子沟住了一晚上,第二天找了辆拉煤的车,给了司机一盒好烟,才把我们拉回巴里坤。

在小熊沟种地的日子

时间：2016年6月24日

地点：巴里坤哈萨克自治县大河镇干渠村

讲述人：杨月珍，大河镇干渠村村民，时年74岁

采录整理：田蓉红

我记事的时候，父亲在城里擀毡，是个毡匠，也给人家拉过骆驼，经常跑古城子那边。小时候，家里的生活不好过，我们总是盼着父亲回来，他一回来，我们不仅能吃饱，还能吃上一些平时见不上的东西。那时候，对我们来说，干粮子（巴里坤一种特色面食）、粉条子都是好东西，所以，父亲一回来，我们家里就像过年一样开心。

土地改革开始后，我们从县城居住的地方搬到小熊沟住。当时人们习惯性地把小熊沟叫西梁，把楼房沟叫东梁。我们的房子在小熊沟，种地要跑到现在的八墙子乡政府那里。经常是父亲一个人在那里干活，中午我和哥哥抬上一桶烧开的水去给他送，等我们走到地里，水都凉了，父亲就喝点凉开水嚼上些干馍馍，继续干。

西梁上只有五六户人家，夏天的时候，可以吃山泉水。山泉水不大，几家人合力挖了个涝坝，把水储存起来方便平时用。那个涝坝是马牛羊和我们共同的水源，牲畜喝那些水，人吃的还是那些水，水里经常漂浮着牲畜的粪便，但大家只能睁只眼闭只眼，牲畜在一边喝水，人就到另一边取水，好像这样就能干净一点。

冬天，水流不下来了，就要去很远的泉眼附近拉冰。在我们家，这些活一般都是我和哥哥的，我们两个把冰打成一块一块的用筐抬回来，或者找块木板，用烧红的炉条烫两个眼儿，拴个绳子做成爬犁，这样拉冰可以省点力气。拉回来的冰码放整齐，晚上的大部分时间，就是坐在在火炉边化冰。因为拉冰不容易，我们用水都很细致，一盆水要一家人洗脸，洗脸之后还要攒起来留着洗衣服或者饮牲畜。

每年粮食收完的时候，父亲带着我们挖个大坑，在里面铺上麦草，把粮食倒进去盖好，才带着我们下山回到大河的庄子上去住。那时候，秋收慢，经常是还没有收完庄稼就开始下雪了，有时候山里会遇到好几场雪。我们走的时候，还要去山沟里找雪下得厚的地方，用麦草盖上一方雪，等下次回来的时候，方便取雪化水。每户人家都要盖上一方子，谁家来了取谁家盖的雪，都成习惯了。

那时候我们把大河这边叫北路。冬天的时候，北路经常办识字班，有个赵先生被请来给大家讲课，后来，队上又安排他给娃娃们也上课。我们家只有我哥哥和妹妹去上学了，我妈妈眼睛麻搭（模糊）得很，看东西总看不清，我是家里的大姑娘，好多事情就得帮着妈妈做。我其实特别想上课，就跟我妈妈嚷，"家里就三个娃，为啥他们都能去上学，我就不能上，我是不是你们抱上（抱养）来的，整天就知道让我干活。"

我妈妈安慰我："你怎么能是抱上来的呢，你看家里你哥哥是个男娃，男娃得学些知识，你妹妹岁数小，家里的活也干不动，你再不帮我谁还能帮我干啊。"

我心里不情愿，可是也没有办法。村里有个大食堂，队上腾出来一间当教室。我用爬犁去拉冰的时候，每次路过那里，就会趴在窗户前偷偷听一会儿。窗户上蒙着一层纸，我用手沾点唾沫，捅开个小窟窿朝里看，前面挂着个小黑板，赵先生在上面写一个字，就带着他们念一遍，我也就跟着念一遍。念完了，教室里的学生坐在课桌前在本子上练习写字，我就在窗外蹲下来用木头棍跟着在地上画着写。第一天，就学会了"工人、农民"四个字。

那天回去得晚了，妈妈问我："今天拉冰咋这么长的时间？"我说路不好走，所以晚了，撒了个谎就走了。

赵先生是东北人，也是个没有儿女的人，有人说他是逃兵，逃到这个地方藏起来了，反正身份神秘得很。他刚开始在高家湖呢，那里有几个他的老乡，后来不知道谁说他识字，被请过来在大河教书，当时上课的只有七个娃娃。

一个娃娃给赵先生一斗粮食当学费，他平时在学生家轮流吃饭，做上啥吃啥，也不挑剔，也不多说话，来了就吃，吃完就走。只有一次，他在吃饭的时候跟我父亲说："杨哥，你的这个小丫头学得不行，你叫那个大丫头来上。"他看见我在窗户外面偷听，知道我爱学习。

我父亲说："不行，我的这个丫头还得喂牲口，帮着做家务事。那个太小，家里的事指望不上。"

我妹妹学习不好，一学期都上完了，还只记得一个字。有一天，我没有去拉冰，忙家里的活，等忙完，学校就放学了，我也没有偷听上。妹妹回来我就追着问她："你们今天上（学）的啥？"妹妹想了半天，学的啥东西她都想不起来。我气得顶了她一拳头就走了。

妈妈经常喊妹妹是个"二六"，就是啥都不会的人，还懒得不动。他们学了一段时间，要到奎苏乡去考试，队上用马车把他们拉过去。走之前，我对妹妹说，你去了肯定考个零蛋，结果她真的考了个零蛋回来了。

我脾气不好，经常跟父母顶嘴，但是家里大大小小的活都能干。以前吃粮都是用石磨磨面，距离我们庄子北边四五公里的地方有个孙家磨坊，每次我把三斗粮食用麻袋一分为二，一次背上一斗半去，还要用脚踏着磨粮食。这些活，大人交代给我都不用担心，别人都说"杨家这个丫头能干"。

春天的时候，父亲一个人在山上种地，过一段时间回来上一次。算着父亲快回来的时候，我妈妈就安顿我们："赶紧出去瞭起(瞭望)，看你爸爸过安家庄子了没有？"

我们瞭上一阵子，不见人影子，就失望地回来了，第二天再去。我们盼着父亲回来，不仅家里的活有人干了，妈妈还能生着法子做些好吃的。父亲一回来，我们就能买上些清油，买上些布，觉得日子有了盼头。

家里生活困难，养成了我从小就不服输的性格。记得我们刚搬到西梁上去的时候，那里提前去的人家欺负我们，不让我们用涝坝水，有个黑胡子脸，看谁都凶巴巴的，他一瞪眼睛，人都害怕呢。

我哥哥有一次去提水，最后提了个空水桶回来了，我问："你提的水呢？"我哥说："黑胡子不让我在这边提，让我到对面提呢，对面深得很，我怕掉下去。"我瞪了他一眼，气呼呼的就自己提着水桶去提水。

黑胡子看见我了就说："丫头，你到那边提去。"

"我为啥要到那边提去，挖涝坝的时候，我父亲又不是没有挖。对面那么深，我掉下去淹死咋办？我是五谷吃大的，又不是叫你吓大的。"

黑胡子气得没话说。

我们家在山边子上种了些豆角，到秋天，那些人家的婆姨不在自己家地里摘豆角，全都偷偷地跑到我们家地里摘。我站在地边上拾上一把石头闭着眼睛就撒过去,她们喊:"这个丫头咋打人呢?"我说:"我还以为我们豆地里头进了驴,准备赶驴呢。"后头他们都说:"杨家丫头子人不大,可是老道(不好惹)得很。"

我从小上山爬洼,知道哪些地方蘑菇多,扳回来的蘑菇我妈用盐水一煮,好吃得很。我们邻居有个媳妇怀孕了,嘴馋,给她婆婆说想吃些蘑菇,她婆婆不自己去扳蘑菇,而是到我们家来要。她看见我在家,就不好意思要,每次都是拖延着等我出去了,才问我妈要上些。她有一次到我们家来,和我妈妈没话找话地喧谎,我故意说:"大奶奶,你到我们家来有事吧?""没事没事,我就找你妈妈喧个谎。""哦,那你喧完了,拿上些蘑菇回去吧,我听你们家的媳妇子想吃得很。"她就搭讪着拿上些走了。

农业社的时候,我抬粪、扬场都不比男人差。那时候,虽然累,但是人欢乐得很。我还记得,我们一帮子人每到夏天就去山里面掏泉,就是清理泉眼,让水流得更大些。山里面那个美呀,到处都是山花,高一层低一层的,蓝的、黄的、红的、紫的都有,有些都有一人高了。空气又好,一路上,有牧民搭的放羊的房子,有时候还能听见他们弹冬不拉唱歌,那个音乐一响人的心情都好了,干活也起劲得很。我们从大熊沟转到楼房沟再转到板房沟,沟沟岔岔都跑遍了,风景也看遍了。我跑上跑下,是人群里最欢快的那个,人家都说:"这个丫头调皮得快赶上黄羊了。"

等我结婚以后,老汉得了病,我又得拉扯几个娃娃,生活就没这么欢乐了。我的老汉去世20年了,我一个人带着八个娃过日子,到秋收的时候晚上根本不睡觉,连夜打"咬子"(一种晚上出来咬人的虫子)。早上雀娃子(麻雀)一叫,我就提上四个磨好的镰刀到地里割庄稼,午饭也是姑娘做好送到地里吃。我性子要强得很,也不愿意给别人下话(说好话,求人),包产到户分了一个七岁的子马(公马),那匹马性子烈得很,最后硬是让我给调成匹顺顺马了。

大河庄子上边的山里有好多沟,顺着路上去,朝东是楼房沟、板房沟、大柳沟,朝西就是牛毛沟、大熊沟、小熊沟、蓝旗沟、红旗沟、打柴沟,一直到三塘湖。我把那些沟都跑遍了,上山拉炭,到白墩子打梭梭。

结婚后,我还赶着毛驴车领着一个12岁的姑娘到国营煤矿那边拉过炭。那时候路还没修,拉炭要翻达坂,路陡得你们现在看见都嚎(叫)着不敢下呢,拉上一车炭,下坡的时候,驴也坐坡,我也紧紧拉着驴缰绳不敢松手,等下了达坂,驴屁股都磨烂了,全是血。

我们队上的人都说:"你一个人出去,车带爆了怎么办呢?"我说:"车带烂了,我把驴夹板子取下来,把车支起来,用兰炭挫毛了,拿着胶水,一补就行了。"

现在我74岁了。大姑娘得了败血症,几年前就去世了,四姑娘今年初五也去世了。我现在不能提我的那些娃,也不能想我这一辈子是怎么过来的,想起来就伤心。要是以前有现在这么好,凭我的干劲,啥好日子过不上?我一夏天都跟上那些年轻人出去打工干活,就是想叫自己忙一点,忙了,就不想那么多了。

我 的 生 活

时间:2014年6月13日

地点:巴里坤哈萨克自治县石人子乡石人子村

讲述人:聂俭,石人子乡石人子村村民,时年78岁

采录整理:田蓉红

农业社的时候,我放过牛、种过地、喂过猪、当过队长、做过会计,农业社解散后,我去煤矿干过,还开过粉坊,在别人眼里也算是个能人。

村里准备修个砖瓦窑,有个支边过来的老刘说以前会烧砖,当时的队长就让他带着人去盘窑(修砖窑),窑倒是盘起来了,一架火(点火),不出烟。

队长急得没办法,跑来找我问:"咋办呢,一窑的砖,瞎(废)了就不好了。"他带我去看,我看完后说不行,窑盘得不对,根本不能用,队长便让我想办法。

我让人把窑拆了,请来县里建筑公司一个姓王的技术员,生产队没法安排,技术员来了就在我们家吃住。晚上,我俩点上煤油灯,他边画图纸边给我说,白天带我去现场

往砖窑里装砖坯子。

我们烧的是青砖，他就教我青砖应该怎么烧，烧到什么程度合适。他给我说烧砖最关键的是上色，得用烟呛。上色上的差不多了，必须把砖用东西蒙住。

我脑子比较灵，王技术员给我大概教了一下，我就通了。不但会做，还比别人做得好。新的砖窑修好后，第一次点火就成功了，轰隆隆地烧。

烧出三窑砖后，砖窑就停了，砖卖不出去。队长又让我去煤矿上干，去我们石人子村开的煤矿上当会计。煤矿会计的任务是每月按时发工资，还要下到煤井里看工作进度。上了井面，再给我一个手扶子（手扶拖拉机），负责给矿上的人拉水。

我们这种人到哪里去，都是铁心铁意（实心实意）地干。我一个会计，天天下去看工作情况，说是当会计，其实操的是矿长的心。刚开始挖煤人的工资是按天算，我下去看了下，觉得不行，很多人都在磨洋工，后来我建议按进度算工资。我一天下去两回，测量进度，挖煤的进度才快了。煤窑挖到80米深的时候，开始出煤。等能挖出煤的时候，巷道就越来越深了，下井也越来越危险。那时候下井没有罐篓（下煤井用的升降设备），用的是梯子，两个梯子交替着往下放，每天上下，腿实在疼得受不了。

那时候的人胆子大，都说瓜娃子有天保呢。煤窑上开始没有通风设备，我们村三队的一个人，下窑的时候，腿畔里骑了一个护卵（一种在绳子上做的简易的防护设备）就吊下去了。吊下去一会儿，井上面的人喊他没应答，就说赶紧往上吊。幸亏人还在绳子上，吊上来一看，护卵挂在他脚后跟上，人倒着就吊上来了。把他放在地面上，躺了半个多小时，吸了些风人才醒过来。

我们没有专业人员，要不是因为出这个事，大家都不知道井下需要通风。出事后，干脆停工，我们买来鼓风机，用塑料管子，把风送下去。

那时候,矿长每月的工资是75块钱,下窑的人工资不固定,按进度最高可以拿到100多块钱的,有能拿到八九十块钱的。我是会计,拿的是死工资,每月都是固定的。做会计我干得最好,做的账目最清楚。

　　煤井挖到80米深的时候,挖到煤了,大家把煤挖出来炼成焦炭。后来,我们的大队书记害怕了,说这么深不安全,以一个村的实力开一个煤窑不行,就把煤窑给了乡里。煤窑上干不成了,我又回到村里,给我分了个猪馆。村里喂了30多个猪,我们三个人负责喂猪。

　　我还是粉匠。有几年,洋芋收回去后,队里安排我带着大家磨粉下粉条子。下来(后来)我又吆(赶)马车去了,赶皮车赶了八年。我的娃娃多,就想的往高工分上走。

　　赶皮车的活固定一点。吆皮车,就是到煤矿上去拉煤,到海子(巴里坤湖)里拉硝。冬天拉煤,给生产队的社员分,队长说给谁家卸我们就给谁家卸,我们不管别的就管受苦(出劳力)。从海子里拉硝回来后,就给县上的化工厂送,那是做硫化碱的原料。

西涝湾旧事

时间：2013年7月22日

地点：巴里坤哈萨克自治县大河镇旧户西村

讲述人：陈学礼，大河镇旧户西村村民，时年54岁

采录整理：田蓉红

　　我出生于1959年，祖籍是甘肃，一岁的时候被父亲带到了巴里坤县。刚来时，父亲他们都住在大河公社最西头的一片洼地里，开荒种田。

　　大河公社因为临近海子（湖），每年到春季的时候，翻浆现象严重，就像一片大沼泽，人在地里干活，经常是一身一腿的泥，所以那时候，外面的人都把大河人叫做渍泥腿子。

　　西涝湾离海子更近，翻浆也更厉害。刚来的时候，这片沼泽地的高处只有生产队建起的两三栋房子，大家挤在一起，再后面到的人只能挖地窑子（地窝子），勉强容身。

　　住在这里的人基本都是从外地自流过来的。大家在公社的统一安排下种地挣工分。每年秋天，公社还给予特

殊照顾,分一些从牧场淘汰的老弱牲畜宰杀后给我们改善生活。相对于老家,大家都觉得这里有这么多馍馍,还有肉,生活已经很不错了。

巴里坤地多人少,能养活人。来西涝湾落户的甘肃人越来越多。没有房子,春季播种完之后,生产队号召大家建房,统一规划了居民点,每家按照人口的多少分上一到两间。这个地方也慢慢有了炊烟。

刚来西涝湾的人日子过得挺苦的,春季播种的时候,地面泥泞不堪,走路都费劲。现在还有人提起来以前的事,说西涝湾的人晚上浇水都喜欢光着身子。其实,那时候,大家日子穷,没有多余的衣服,晚上天黑人又都在泥浆里陷着,谁也看不清谁,索性脱了,省得糟蹋衣服。

地里泥泞到什么程度了?拖拉机下到地里,半截链轨板都看不见了。大家只好选择在一些地势高的梁上种地。那时候人少地多,只要觉得能种地的地方就撒上种子,种植面积大,却没有什么产量。到后来,慢慢地水位下降了,气候也变了,土地变得更适宜种植。

到我十二三岁懂事的时候,西涝湾最多的一年打了30多万斤粮食,社员们干一天的工分能分到一元多钱,相比刚来时的几毛钱,已经是很让人兴奋得不得了了。

到1984年实行包产到户后,定居这里的人基本上实现了一家有一间住房。公社成立了副业队,农闲时间,西涝湾的年轻人也参与到外出搞副业的行列里,去哈密桥梁厂筛沙子挣钱,日子好像越来越有盼头,居民点渐渐热闹起来了。

西涝湾最热闹的时候,居住着300多口人,全部是外地自流来的,他们在这里相互帮助,建起一栋栋房子,平整出一块块土地。现在的村子搬离了最初的居民点,随着劳务输出力度的加大,很多年轻人又从这里走出去,有些出去干得好的,回来把老人也接走,到哈密和其他条件好的地方定居。

我现在住的砖瓦房是这几年翻修的,在哈密也买了一套楼房,但是一直不想搬。说不上为啥,可能对西涝湾有感情吧。

巴里坤人性格淳朴,人也勤快能干,只要肯干,日子过得都不差。在"农业学大寨"的时候,当时的自治区党委书记王恩茂提出新疆也要学大寨,同时学兵团,建设社会主义"五好"新农村,就是要有好的条田,好的道路,好的渠道,好的林带,好的居民点,大河公社就是当年的样板。你看,大河镇现在的格局依然保留着"五好"新农村的格局。

那时候,实行集体建房,贫下中农优先住,让外来人员也有了安身之处。

巴里坤交通不方便,有余粮也调不出去。当时各个生产队都有余粮,虽然也有定量,但是一个劳力一月的定量是40斤粮食,上学的学生定量都是30斤,比其他地方高,完全可以吃饱。生产队有粮食,又缺劳动力,虽然公社和县上要求不接收自流人员,但是很多生产队自己就做主给收下了。所以,许多从四川、安徽、山东、甘肃自流来的人都留在了巴里坤,并扎下了根。

后　记

　　十多年前一个周末的下午，我和朋友徒步去距离巴里坤县城五公里的兰州湾子拜访一位老人。那时候太阳正在慢慢落下，兰州湾子西侧的河谷和山野坦荡无余，石头、草木被镀上一层柔和的光，我们在这样的景致里赶路，踩着石头铺成的小路，走进一个用石头垒砌的院墙，在12瓦的日光灯下，听主人为我们讲述兰州湾子的往事。

　　后来他说起自己的父亲，说以前村里的人都喜欢称呼他为白胡子爷，讲述里的白胡子爷朴实、睿智、能干又护众，会打野猪也会保护乡亲，我们听得入了迷，不知道这个小小的山村，还有过这样的人物和故事。回去的路上很兴奋，夜风里，看着山脚下灯火辉煌的县城，再回头看看头顶漫天星辰的山村，有一种热切，想把这些听到的故事都记录下来。

以后的日子，便拿着录音笔和笔记本电脑，在工作的间隙去拜访巴里坤那些上了岁数的老人。巴里坤的乡村，院门几乎都是敞开的，话题也是，走进一户人家，坐在炉边，手里握着主人递过来的一杯酽茶，话题就从门外的风转向了他们年龄和年龄中的故事。

喝过两杯茶后，随意的话题中，总能捕捉到一个主线，沿着那条线，一个我未曾经历的时代中未曾想象的故事突然就浮了出来。我痴迷于这种倾听，也痴迷于那些老人讲故事的神情，我用录音笔记录下他们的声音，在笔记本上敲击我当时能来得及敲下的文字，用相机记录下他们讲述的神情。

我做这些的时候，他们会停顿下来，笑着问我："丫头，你弄这些干啥?"我说："记下来。"

将近十年的时间，我采访过的人有农户、有猎人、有退休干部、有教师，他们无一例外给予了我莫大的信任和支持。在大河镇干渠村，一位年近70岁的独居老人把院里院外收拾得干净利索，每次我去，都张罗着给我搓拉条子，炒酸菜，我们对面而坐的时候，她把尘封在岁月里的悲伤和喜悦都慢慢讲给我听。在岔哈泉的胡杨树下、在萨尔乔克的牧民新居里、在奎苏镇的路边摊位、在花园乡的农家院子里，都曾经有一位这样的老人，面对第一次拜访的我，说起那些他们未曾与别人说过的故事。

2018年的秋天，我接到一个电话，电话那头的人说她看了发表在哈密广播电视报上的《驼商》才知道她的先辈有过那样的经历，因为那篇故事里提到了他的父亲，他的父亲几天前刚过世，一家人买光了当天的报纸，又加印了100份，送给亲友，留作纪念。她说从报社找到了我的电话，特意打电话就是想表示一下感谢，感谢我留住了一个家族的过往。其实我也很感谢那些给我讲述故事的人，我穿越在他(她)们的讲述里，借这些来自田野的讲述,拉长我生命的长度,丰满我生命的厚度。

感谢那些讲述者,感谢我的责编老师,感谢所有促成此书出版的人们,也感谢我的家人。十年前在我痴迷整理书稿的日子里,我十岁的儿子跑来提醒我,该去办年货了。一年又一年过去了,在他二十岁的这一年,这本书终于要出版了。

这期间,一些老人已经离世。2022年的秋天,我路过大河镇干渠村,准备去看望一位路边居住的讲述者,他家的木门已被锁起,院落前的树上挂着一个用废弃的轮胎做成的秋千,曾经我坐在上面记录故事,现在讲故事的人已经走了,秋千还在,那些故事也在。

故事在,他们就在。最后要感谢正在阅读的你,阅读让文字永生。